大学是为未来的

孙周兴_著

浙江教育出版社·杭州

图书在版编目（CIP）数据

大学是为未来的 / 孙周兴著 . — 杭州：浙江教育出版社，2024.3
ISBN 978-7-5722-5759-9

Ⅰ.①大… Ⅱ.①孙… Ⅲ.①高等教育－研究 Ⅳ.① G64

中国国家版本馆 CIP 数据核字（2023）第 201739 号

责任编辑 赵露丹		**美术编辑** 韩　波	
责任校对 马立改		**责任印务** 时小娟	
产品经理 王琪媛　袁依萌		**特约编辑** 王香力	

大学是为未来的
DAXUE SHI WEI WEILAI DE

著　　者	孙周兴
出版发行	浙江教育出版社
	（杭州市天目山路 40 号　电话：0571-85170300-80928）
印　　刷	北京世纪恒宇印刷有限公司
开　　本	880mm×1230mm　1/32
成品尺寸	145mm×210mm
印　　张	7.375
字　　数	160 000
版　　次	2024 年 3 月第 1 版
印　　次	2024 年 3 月第 1 次印刷
标准书号	ISBN 978-7-5722-5759-9
定　　价	55.00 元

如发现印装质量问题，影响阅读，请联系 010-82069336。

大学是为未来的[①]

| 自 序 |

一、教育成了欠改革的重要领域

2013年1月27日晚上,我跟一批来自沪上各校的理工教授聚餐,大家聊到目前中国教育状况,说到其中的种种乱象,我当下概括出如下四条:

1. 如果让现在的大学教授参加高考,那么没有人能考上大学。我说这话时,没人敢反驳我,因为在座的教授们,无论是哪个大学的教授,没有人有这样的自信。我认为这是中国目前教育之怪异的最集中的表现之一,没有一个大学教授考得上现在的大

[①] 根据拙著《欠改革的中国大学》(上海人民出版社,2014)之"自序"补充和改写而成。

学，而我们作为大学教员，竟然要教和考这些在考试方面堪称我们老师的学生。——这同时也表明，我们的小孩子们有多受罪！

2. 很多人都不满于现状，但都在以实际行动支持这个现状。所谓很多人，自然也包括我自己。学生们最弱势，自然是无法反抗的，而家长们则一边心里嘀咕着，甚至骂着娘，一边在周末（中华人民共和国国家法定的休息日！）把小孩带到各式各样的补习班去。这事甚至已经蔓延到了幼儿园，如今连幼儿园的小朋友都在学奥数和逻辑思维了！——这事可谓荒唐透顶。

3. 公民有钱想交给大学，想求知问学，但我们的大学却不能满足他们的求知欲。有的公民说："我承认自己智力水平不高，但我想交钱读点书，行不？"公民最后甚至哀求说："我确实不可能在四年之内毕业，但我交钱，我多交点钱，行行好，让我读点书吧。人家智力好的花四年，我就花六年时间，行不？"——但我们的大学却断然拒绝，这像话吗？

4. 公民中有幸运者揣着钱进了大学，却被告知只能读这个专业，必须修这几门课，只能修这几门课，别的都不能选。我们的大学至今未能给予学生们选专业和选课程的自由。这就好比说，你进了一家饭店，拿起菜单要点几道自己喜欢吃的菜，但有个凶神恶煞的服务员跑来跟你说："不行，你不能挑挑拣拣的，你只能吃这几道菜，别的菜你是不能点的。"——这叫什么事？

党的十八大有一个最大重点和亮点，就是提出"全面建成小康社会，必须以更大的政治勇气和智慧，不失时机深化重要领域改革"。中央领导再次强调，要"深化重要领域改革"。我不知道"重要领域"具体是指哪些,但我想,其中一定包括教育——我们的教育事业是欠改革的!

上面四条已经足以证明这一点。由此推出我的讲法:欠改革的中国大学——整体教育事业亟须改造,自然也包括了大学。

教育领域有缺陷、大学欠改革的后果是什么?后果是尽人皆知的。上面列述的四条其实也就是后果,也是尽人皆知的。不过在此我仍然愿意做两点总结:

其一,中国的大学水准有待提高,未充分实现大学的本质。按说改革开放快四十年了,中国的经济实力大大提升,总归是不差钱的。但中国的大学呢?比较起来,我们的大学不但不能跟欧美的大学相比,甚至在亚洲也并未真正进入一流队伍。实在是令人羞煞!

其实我个人对于国际国内与大学和教育相关的各种排名、各种指标是相当反感的,认为忽悠者居多。举例说,我所在的同济大学哲学学科,在国内最流行的武书连排名中,居然一直处于 C 档,从没变过。这真是怪异,如果说本世纪初(2003 年)我们哲学学科新建之时,刚设本科和硕士点,力量自然差些,被排成 C 档,我们也无话可说;但后来我们有了博士点,有了一级学科博士点,甚至成了"市重点学科",我们的队伍不断壮大,这时候我们在武氏排名中仍旧一动不动,仍旧是 C 档。这时候我只能无语了——我们需要一个永远不变的、没脑子的排名吗?

我愿意指出的是,之所以我们的大学处于低水平,根本原因还在于规划,我们的大学规划未满足和体现大学的本质。大学没办好，创新能力当然也匮乏，于是人们就傻傻地设问：为何我们没有创新人才呀？

其二，我们的子弟和人才流失，出国潮愈演愈烈。这当然是教育体系落后的必然结果，也是大学没办好的必然后果。如果说20世纪80、90年代的出国潮的主因是当时国内经济条件差，学习和科研条件不好，留学主体是大学毕业的中国成年公民，那么到如今，人们不再是因为经济，更多是因为不满于现行教育制度而出国留学，留学主体成了低龄学子。不久前发布的《国际人才蓝皮书：中国留学发展报告》显示，2008年以来，中国出国留学生人数每年增长20%左右，2011年达到34万人；九成留学生为自费生，且留学生年龄趋于低龄化。留学大众化、低龄化，反映的是民众对现行国内教育状况的深度拒斥和厌恶——切不要以为中国的家长们都是"土豪"，都有钱没地方用，只好让小孩到国外花；切不要以为中国的家长们都愿意让小孩们（多半是独生子女！）远走他乡。那叫没法子的事！是带着失望的！

二、大学本质："教的自由"与"学的自由"

大学的本质是什么？一个词：自由。细化讲来，是"教的自由"与"学的自由"。德国现代大学的开创者威廉姆·冯·洪堡曾说，寂寞（Einsamkeit）与自由（Freiheit）乃是大学里"起支配作用的原则"。"寂寞"是"专一""纯一"，是一种精神要求，是对繁复世事的拒绝，是对纯粹学术的坚守；而"自由"更是大学的本质要素，是大学的目标，是大学的原则，也是大学的前提。

我们知道，康德的启蒙定义强调独立运用自己的理智，强调自己思考，而自己思考的前提是自由。所以"自由"是启蒙的本质规定性。后来的实存哲学（实存主义）更是把个体自由设为出发点，人是一种向可能性开放的自由存在，自由是人的本质。洪堡大学理想中的"完人"其实就是"自由人"。而在洪堡心目中，唯有古典时代的古希腊人才接近"完人"，因为他们在自由与必然之间取得了一种和谐。

大学的自由本质也体现在大学与国家的关系上。洪堡认为，国家的任务是为大学提供资金，但不能干预大学的运转和事实。这话听起来有点蛮不讲理了，国家出钱但不能管大学？洪堡给出的解释是：只有这样，大学才能保持独立和自主，才能获得其自由本质，大学才能办好，才能更有效地服务民众，最终也使国家获益多多。只有在一种情况下，洪堡认为需要国家出面处理，就是大学教授的聘任，因为洪堡深知文人相轻是必然的，这既是因为人性的弱点，大学教授也不能例外，也可能因为学术观点相左而产生门户之见。所以要借助于大学外部的国家权力聘用大学教授，从而更好地保护大学的独立和自由——于此也可见理想教育家洪堡之务实精神。

大学内部如何维持和贯彻自由原则？大学是自由研究的场所，大学里无所谓教师与学生之分，都是学术研究者，学术研究是旨在追求真理的创造性行为，不可能有任何范限和禁围。这就是说，学术研究的前提是自由，学者们须有自由选题、自由研究、自由开课、自由发表研究成果的权利。学生也是受引导的研究者，自然也享有学术研究的自由，他们有权自由地选择自己学习（研究）的对象和内容、方式和方法。"教的自由"与"学的自由"，其实就是学术研究的自由，是大学内部运转的基本原则，是大学本质的最直接表现。①

作为德国柏林大学的设计师和开创者，洪堡确立了现代大学的基本精神和理想，奠定了现代大学的基础。差不多一个世纪以后，洪堡的大学理念被北京大学校长蔡元培先生引入中国，成为以北京大学为代表的中国大学的精神基础，从而开启了20世纪中国大学的一个辉煌时代。虽然遭遇不断的残酷战乱，但北京大学、清华大学（以及后来的西南联合大学）、中央大学（南京大学）、浙江大学等一批中国高校，在五四运动以后的二三十年时间里，形成了中国近代文化中一个知识创新和文化变革的高峰，至今让人怀念。原因何在？还在于蔡元培先生倡导和贯彻的洪堡大学理念，即大学的自由本质的实现。

反观今天中国的大学，我们不得不产生遗憾之情。今天中国大学的数量之多，应列于世界之最，截止到2015年5月，中国有高等院校2845所，其中普通高校2553所（包括独立民办高校447所，独立学院275所，中外合作办学7所），成人高校

---

① 有关洪堡关于大学自由本质的看法，可参看本书第一章第一篇文章。

292 所。这还是几年前的数据。由于中国经济的高速发展，近些年来中国大学的办学条件（硬件）也已经明显改善，已经逐步与国际水平接轨。但为什么还是办不好大学？为什么今天的中国创新能力仍旧不理想？我认为，根本原因还在于：中国大学的本质亏欠状态，未能实现大学的自由本质。

三、必须通过制度来保障大学的自由

上面讲的是大学的自由理念。其实这方面的道理不难懂，难在如何贯彻和实现，如何付诸行动。我认为，必须通过制度建设来保障大学的自由。

本人 1980 年上的浙江大学，学的是地质学。1984 年大学毕业后迄今已有三十多年，我的人生轨迹可以用下面的大学名称串连起来：山东矿业学院（现改名为山东科技大学）（3 年）、浙江大学（2 年）、南京大学（2 年）、杭州大学（现并入浙江大学）（5 年）、浙江大学（3 年）、德国伍泊塔尔大学（2 年）、浙江大学（1 年）、同济大学（超 15 年）。我于 1996 年在浙江大学当了哲学教授，至今也已经 20 多年了，无疑是个老教授了。浸淫已久，我与大学已经密不可分，自然会有种种切身的感受和体会。感受上，即便是 20 世纪 80 年代改革开放初期的大学，也要比现在的中国大学更像大学，至少精神气是有的。现如今的大学呢，恐怕连这份精神气也没了，差不多处于"失魂落魄"的状态。

我们为何办不好大学？根本原因之一还是我们的大学组织的管理问题。凡组织必有制度，必有管理。我个人以为，一个好的组织有两个关键点：一是组织内部人人都知道谁是"最高领导"；二是要有一套制度来限制这个"最高领导"的权力。我这个想法可能比较土气，但我以为这正是现代治理的要义所在。有了这两点，一个组织才能有序、有效地运转。

本人不才，这些年在小范围内做了若干学院学术管理方面的试验，效果良好，在此愿意做一次简介。2002 年我调入同济大学任教，成立了德国哲学与文化研究所，开始时因为只有我自己一个人（当时全校最小的研究所），所以无所谓组织和管理事务；两年后我们组建了哲学与社会学系，我担任系主任；又两年后（2006 年）我们组建了人文学院，我被全体教师选举为院长；四年后再次被推选为院长，直至 2016 年卸任。一晃十几年过去了，这十几年中，我自然不断地面临组织和管理的问题。

在我们院里，"最高领导"是明确的，就是暂时由我担任的院长——申明一下：我这个院长是全体教师选举（无候选人选举）出来的，因此是"合法的"。同样值得庆幸的是，在我的主张和推动下，我院实施了以教授委员会为核心的民主管理制度，从而有效地限制了"最高领导"的权力。教授委员会是怎么产生的？是全体教授在每年春季学期开学第一天通过无候选人选举而产生的，比如我院现有 28 位在职教授，在春季学期开学第一天下午两点半，全体教授集中，每人领一张票，上面有 28 位教授的名字，并不讨论，各自打圈投票，当场唱票，产生本年度的教授委员会（11人或13人）。所以这个教授委员会也是"合法的"——所谓"合法的"，我的理解就是传达和体现民意的。

如此，我院组织和制度变得相当简单明了。实体运作的其实只有两个组织：一是"院务委员会"，由行政和党委组成，由院长担任主任；二是"教授委员会"，由院领导之外的教授担任主任。合法的"最高领导"加上合法的"教授委员会"，这是我院得以简单明了地运转的制度保证。

这套制度有多好？我不想多说，只讲两点：

其一，院长好当了。以我理解，大家选我当院长，就是把部分权力"让渡"给我了，所以我成了学院"最高领导"，许多时候大家就得听我的；但如若我没有负责任地使用好大家"让渡"给我的权力，那么我就对不起大家，大家可以启动程序把我免掉。再有，既然我的权力被教授委员会限制了许多，那么我所担当的责任自然也减轻了许多。在我们院里，日常管理上烦人的事不少，但人际关系简明，难缠添堵的人事不在多数。以前数量众多、多半匿名的举报信消失了。

其二，大家服气了。本人任院长十一年，每年都要评职称，但事前事后，从未有候选人给我打电话求关照，问教授委员会主任，他也说没有过这种情况（这一点我不敢保证）。这是特别让我感动的一件事。为此我曾在一次全院教师大会上对大家表达了感谢——是真心的感谢，是为了信任的感谢。我想，一个制度让人服气，这就成功了。

有关部门也已经意识到了大学制度建设的重要性，眼下正在让一些大学（包括本人所在的同济大学）起草"大学章程"。这当然是一件好事，我是乐见其成的，而且也参与了本校章程的起草过程。我在本书中之所以把我主持起草的一些学院章程和条例公之于世，并不是要张扬自己和自己的学院，而是想让有心的局内、局外人来批评我们，特别是希望与学界同行一起来探讨大学和院组织的治理和管理办法。

四、要在自由学术与量化管理之间走钢丝

有关学院的"制度设计"，在此不妨再讲一讲。记得同济大学哲学与社会学系刚刚成立时（更准确地讲是"恢复"，因为早在 1946 年同济大学就有哲学系），甚至在人文学院组建后头几年，我坚持纯粹的大学自由教育理念，反对量化管理（因为当代人文学术甚至包含着反对量化管理的任务），既没有教师教学工作量的要求，也没有教师科研工作量的要求。结果是什么？结果是好多教师，特别是一些中青年博士讲师，连续好几年少上课（极少数甚至不开课），也没有发表学术成果。我心里想，我们的制度给大家完全的自由，但同志们却承担——享受？——不了这种自由。可见完全的放任肯定是不对的。

因此，在最近几年里，我们学院改变了策略，开始设计和规定教师"最低工作量"要求。所谓"最低"，可以说是不能更低了，因为我们的要求是：教授、副教授、讲师每周必须分别完成

4、5、6个课时的教学任务，每天分别要写90、60、30个字（意思就是：教授每年要完成3篇论文，副教授要完成2篇论文，讲师要完成1篇论文，著作、编著和译著均可折合）。有一回我在全院教师大会上说：如若不这样做，那么几年以后我不当院长了，我院一些青年教师也在这几年里因为没有制度面的压力而荒废掉了，成了一堆堆"垃圾"，于是大家反思为何如此糟糕，最后得出结论，一致认为是当年孙某人当院长的时候放任大家的结果——这时候，我大概只有偷偷哭的份了。

这实在是没有法子的事了。对人文学术的量化要求根本就是一个十分恶劣的要求，现在却成了学术界的普遍追求。权威期刊、C刊目录、影响因子、省部课题、获奖项目，如此等等，不一而足，形成了人文社会科学的量化评估体系。大哲学家维特根斯坦生前只出版了一本译成中文后四五万字的小书，论文好像是没有的，他要是到了中国大学，恐怕是当不上教授了。另外，一首诗可以跟一篇论文比吗？一篇长文就胜过一篇短文吗？人文科学的创造性活动是无法用数量来衡量的，这个道理谁都会讲，谁都会懂。然而在我们的管理中，我们又不得不制定一些标准、一些规则、一些要求，甚至不得不提出一些具体细致的量化指标。简言之，我们不得不在自由学术与量化管理之间走钢丝。这是没办法的事，因为我们处身于一个技术统治的时代，在所谓的"数字时代"，越来越严苛的量化管理是这个时代不可遏制的趋势，我们固然可以抵抗，但根本上难逃此命。

自由永远是有约束的自由，无度的自由是不可取的，也是不可能的。这一点如何在大学制度上体现出来，大约始终是一道难题吧。难就难在：既要在制度上保证大学组织内部最大限度的自由，又要通过制度来约束这种自由，防止这种自由失于无度。

五、大学是为未来的，是以未来为定向的

最后我想来说说大学的未来性。我的说法是，大学是为未来办的，大学必须面向人类未来生活的可能性来建设。很不幸我们在这方面也做得好差。首先，大学的专业目录被固定起来，按照门类、一级学科、二级学科等来划分和设置，而且被搞成全国统一的。其次，大学里的课程和教材也被固定起来，如果只是通识课程要采用固定教材，这似乎尚可理解，但现在甚至要求我们提供硕士研究生和博士研究生的课程教材，这就完全是胡闹瞎掰了——研究生教学是要随导师（教授们）的最新研究一道推进的，哪里可能有固定不变的教材呀？

学科专业被固化，课程教材也被固化，你说我们的大学还可能有活力吗？我们的大学还可能对现实和未来做出回应吗？

我们必须意识到，在最近一两个世纪里，人类文明的基本格局发生了巨大的前所未有的变化。所谓"前所未有的"，我的意思是"转折性的"或"断裂性的"。文明当然总是在变变变，但19世纪，特别是20世纪以来发生的人类文明变局，却是根本性的，甚至是终结性的。其中核心的一点是：技术统治压倒了政治

统治。[①] 在传统社会里，无论何种社会制度，都是政治制度，都是一种政治统治形式。但随着 20 世纪的技术进展，特别是飞机、核武（原子弹）和网络的出现，现代技术以其无可阻挡的方式改变了社会现状，成为人类文明中居主导地位的统治力量，致使传统价值秩序瓦解，知识和文化体系崩溃。看不到这一点，我们便无法真正把握今天的生活世界和未来的人类生活。

进一步，我们也必须看到，主宰性的现代技术正以加速度（而不是匀速）重塑和改变人类文明。现代技术工业四大要素，即核能核武、环境激素、生物技术、人工智能，不但使人类自然力加速下降，而且有可能使作为自然物种的人类面临灭顶之灾。现在已经被广泛讨论的问题是：我们是不是将成为"最后的人类"？或者，我们是否可以期待一种新型的非碳基生命的出现，而这种生命形态是否还可以被叫作"人类"？凡此种种，现在都已经成为"技术人类生活世界"的新问题。

技术人类生活世界之变引发教育和大学之变。在这样一种由技术主导的新世界图景中，我们的大学，我们的文化，我们的知识，都面临重新洗牌、重新改造、重新启动的任务。如果说传统大学制度和知识体系适应的是"自然人类文明"和"自然人类生活世界"，那么，未来大学将是对应"技术人类文明"和"技术人类生活世界"的新大学。

英国天文学家马丁·里斯在《人类未来》中写道："日常工

[①] 参看孙周兴. 技术统治与类人文明 [J]. 开放时代，2018（06）：24-30+5-6.

作和终生职业的普及,将会大大刺激'生涯学习'。基于教室和课堂教学的正规教育,可能是全社会中最为僵化的部分。"[1] 这里所说的"生涯学习"有点莫名其妙,有可能是翻译上的问题,我猜测应该是"终身学习"。无论如何,里斯的判断是准确的,今天的教育(不仅是大学,不仅是中国)已经成为一个容易保守的体系,无论教学内容还是教学形式都未能与时俱进,适应文明大变局。可以预计,如果不思进取,那么今天的教育体系、今天的大学和学院,其未来命运将无异于昔日的教堂和教会。

作为人类知识文化生产的主要承担者,大学的当下和未来使命将更伟大,也更艰难。之所以大学的使命将更伟大,是因为大学是新文明的主要推动者、构造者和批判者;之所以大学的使命将更艰难,是因为大学将不得不进行一次脱胎换骨式的自我改造和自我设置。

正是在此意义上,我想说:大学是为未来的,大学是以未来为定向的。

2013年2月22日记于沪上新凤城
2017年7月13日再记
2020年5月12日补记

---

[1] 马丁·里斯. 人类未来[M]. 姚嵩,丁丁虫,译. 上海:上海交通大学出版社,2020:108.

目录

第一章
大学理念

威廉姆·洪堡的大学理念	002
"小"大学而"大"学术	019
大学是为你们的，大学是为未来的	029
教学的意义在于让人学会自由	034
艺术地和哲学地教与学	039

| 第 二 章 |

天下情怀

大学要有天下情怀　　　　　　052
大学教改的几个原则　　　　　　058
人事的核心是保证个人自由　　　066
教授治学机制与学院民主管理　　076
人文化成，同济天下　　　　　　082

| 第 三 章 |

观念行动

我们为何还不改变统一高考制度？　　088
关于创办上海美术学院的建议　　　　092
关于在本市高校实施完全学分制的建议　096
《同济大学学报》主编声明　　　　　099
哲学门类应设置三个一级学科　　　　102

| 第四章 |

人文理想

何谓人文？如何教育？	108
通识教育与专业发展	120
人文研究的整体意识与未来使命	124
守护人文教育理想	131
只有真实的生活才可能是稳靠的和快乐的	140

| 第五章 |

未来之学

在人文与科学之间	146
人文科学如何面对人工智能时代？	153
什么是最后的斗争？	164
教育现象学的基本问题	173
未来的人与未来的学	192

| 后记一 | 206 |
| 后记二 | 211 |

第一章

大 学 理 念

Chapter 1

威廉姆·洪堡的大学理念①

在学界,威廉姆·冯·洪堡(Wilhelm von Humboldt,1767—1835)一直被当作世界级的伟大教育家而得到相当广泛的讨论,尤其是因为留德学者蔡元培先生接受了以洪堡为代表的德国大学理念,以之为北京大学的精神基石和办学方针。因此我们可以说,我国最重要的大学身上是有洪堡烙印的。今天差不多有如下情形:我们说到北京大学,必想起蔡元培校长,必想起洪堡;倒过来的说法自然也可成立。不过,不无遗憾的是,迄今为止,我们还没有译介过洪堡的教育思想文献,也使得我们的一些相关谈论难免空虚乏力。②

---

① 本文系作者于 2004 年 9 月 14 日晚在兰州大学做的报告,同年 10 月 26 日下午在同济大学重讲一次;发表时做了修订。原载《同济大学学报》,2007 年第 2 期。
② 有关洪堡教育思想,目前国内比较扎实的研究大约只有陈洪捷博士的一本著作,参看陈洪捷. 德国古典大学观及其对中国的影响 [M]. 北京:北京大学出版社,2002.

传记作家彼得·贝拉格做过一个有趣的假设：如果洪堡在1808年去世，他的名字就将遭受湮没，列于他那个时代几十个与席勒通过书信或者与歌德谈过话的人们中间。[①] 1808年洪堡41岁，虽然已有不少涉及多个领域（文艺、美学、政治学等）的著述，也堪称博学多才，但可以说芜而不精，并没有形成什么特别惊人的东西——在大师辈出的德国古典文化时期，洪堡实在算不上一个人物。这一点他自己是有清楚的意识的。洪堡之所以终于成为"德国最伟大的人物之一"，显然还在于他1809年之后成就的教育家和语言学家的历史地位。1808年12月，洪堡被普鲁士国王弗里德里希·威廉三世任命为枢密院成员和内政部文化与公共教育司司长，次年2月赴任。因当时普鲁士未设教育部，故洪堡以"司长"为职实际上掌管了普鲁士王国的教育事业。1810年6月，洪堡辞去该职务，被委任为驻维也纳公使。洪堡任文教司司长不过十几个月，但因为他推行国家教育改革，特别是主持创建了柏林大学，对普鲁士以及德国文化教育事业的发展产生了决定性影响，故而被称为"德国历史上最有影响的文化大臣"。[②]

[①] 参看彼得·贝拉格. 威廉·冯·洪堡传[M]. 袁杰, 译. 北京: 商务印书馆, 1994: 66.

[②] 彼得·贝拉格. 威廉·冯·洪堡传[M]. 袁杰, 译. 北京: 商务印书馆, 1994: 69. 洪堡仕途并不畅通。1819年12月31日，时年53岁的洪堡被免职，最终离开了政坛。但要不是此次被免职，我们今天可能就看不到另一个更伟大的洪堡形象了——作为伟大的语言学家和语言哲学家的洪堡。退出仕途后的洪堡把他生命的最后15年（洪堡死于1835年）完全献给了语言研究。在当时德国灿烂的文化星空中，洪堡最后找到了自己的位置，成为德国历史上最伟大的语言学家和语言哲学家。关于洪堡的语言学和语言哲学思想，国内研究可参看姚小平. 洪堡特——人文研究和语言研究[M]. 北京: 外语教学与研究出版社, 1998.

我们这里的关注点在于洪堡关于大学、大学的本质和使命的规定。最近几年里，我国大学改革的课题已经成了全社会的热门话题。实际上大学从来就是一个热门的话题，只是这几年特别地热了起来。这当然不是没有原因的。首先是因为我国大学正处于摆脱旧体制、寻索新模式的发展过程的关键节点上，而显然，我国大学改革已经严重滞后于中国社会的改革进程；其次是因为我国大学尽管总体上还是不成熟的，但对于社会和国家运作的影响越来越大了，可以说已经成为社会文化和经济发展的轴心了。这当儿，了解和认识对于我国大学有着根本性影响的洪堡大学理念，就具有特别重要的意义了。

一、古典主义人文理想

教育问题归根到底是人的问题。对教育家洪堡来说，问题实际上有三个：人是什么？什么是人的教育？这种教育应该如何付诸实施？① 这三个问题是层层推进的，而首先在于对人的本质的规定。

洪堡处身于德国古典文化的鼎盛时期，日耳曼民族的"天才时代"：哲学上先后有康德、费希特、黑格尔，文学上有歌德、席勒，可谓群星灿烂。这个时代的哲学和文学，这个时代全面昌

---

① 参看彼得·贝拉格. 威廉·冯·洪堡传[M]. 袁杰，译. 北京：商务印书馆，1994：74.

盛的德意志文化，为洪堡的"自我教育"直接提供了充沛的养料，也使他有可能形成以古典主义为核心的人文理想。洪堡毕生仰慕和醉心于古典文化（古希腊罗马文化）。特别是在他出任普鲁士驻罗马使节的六年里，洪堡得以亲历古风，钻研古典。[①]当然罗马只是一个通道而已，欧洲文明之源在古希腊。按照洪堡的说法，"希腊人对我们来说不仅是一个需要从历史角度去认识的民族，而且是一个理想"[②]。什么"理想"（Ideal）呢？就是完美人性的理想。

什么是完美人性？洪堡的想法显然有当时主流哲学的烙印，在他看来，人性中包含着三对基本"矛盾"：自由与规律（自由与必然）、想象力与思辨力（具象与抽象）、个人与民族（个体与群体）。这三个对立面必须统一起来，人性才可能趋于均衡、和谐、完美。因此，归根到底，完美人性的标准只有一个，就是"和谐"（Harmonie）。[③]而纵览历史，达到这种和谐的完美人性的"完人"只有古希腊人。古希腊人享有充分的自由（人类历史上最早的民主制度），也懂得规律或者说合规律的自由；他们富于想象，创造了伟大的艺术和文学，也精于思辨，具有哲学、纯粹科学的独特天赋和伟大创造；他们的个体性和民族性也得到了最佳的结合。洪堡说："希腊人在我们心目中的地位，就像诸神

---

① 洪堡在柏林的别墅故居保存完好，现在由其后代居住。我曾于几年前有幸前往参观，得以观赏洪堡及其家族收藏的古希腊和古罗马艺术品（以雕塑为主）。
② 威廉姆·冯·洪堡. 文集（五卷本）：第二卷 [M]. 斯图加特，1982：65.
③ 参看姚小平. 洪堡特——人文研究和语言研究 [M]. 北京：外语教学与研究出版社，1998：28.

在他们心目中的地位。"①

以古希腊人为典范的古典主义人文理想,构成了洪堡教育思想的一块基石。洪堡是德国特色的"高级人文中学"(Gymnasium,又译"高级中学")的创始人。这个源自希腊文的拉丁文名称本来是指"古希腊的竞技训练场"。洪堡此举的动因正在于他的希腊观。高级人文中学的学生必须主修古典语言和古典文化课程。洪堡以为,通过扩大希腊语和希腊文化的教育,并且以之为教育的基础,就可以培养出温和的、"类似希腊人的"德国人,培养出一种"完人"类型。②重个性培养和发展而轻实务实利的高级人文中学,成了19世纪以后德国人培养贵族、造就学术人才的具有某种优先权的教育机构,对于德国现代人文教育和人文事业起到了决定性的作用。

随着时代的变化,人们对于这种教育形式的怀疑也日益增加了。贝拉格指出:有五代以上的德国人受到过高级人文中学的教育,目的是成为希腊人那个模样,但结果没有成为希腊人,反倒缺失了与世界现实的联系。为什么呢?贝拉格说,因为人文中学的学生们以洪堡及其时代的那种不真实的,而且根本上错误的希腊形象为方向,从而丧失了与更多地由"常识"而不是由呆板的名流精神所塑造的文明世界的联系,而这个文明世界与希腊人少

---

① 威廉姆·冯·洪堡. 文集(五卷本):第二卷 [M]. 斯图加特,1982:65-66. 参看姚小平. 洪堡特——人文研究和语言研究 [M]. 北京:外语教学与研究出版社,1998:29.
② 彼得·贝拉格. 威廉·冯·洪堡传 [M]. 袁杰,译. 北京:商务印书馆,1994:76.

有共性。① 贝拉格还认为，这种模式过于重视抽象文化教养，结果却与要求相反，反倒使人得到了片面的发展。不待说，贝氏这种断言是实务教育占主流的时代里才可能出现的。毕竟时代已经变了。现在德国的高级人文中学越来越萎缩和稀少，也体现了人文理想的衰落和困顿。

不过，贝拉格也承认，洪堡的功绩在于：他创立了一种完整的学校模式。这种模式的着眼点是教育的普遍性和个性发展的整体性。无论如何，这项实验本身是伟大的，尽管不是不可怀疑的。② 在洪堡教育思想和教育改革实践中体现出来的，乃是德国启蒙运动时代形成的人性观念和人类形象。这种观念是古典主义与理想主义的有机结合。③ 洪堡下面这段话表达了他关于充分发展人的个性的教育概念和信念：

> 确实存在着某种必须普及的知识，且还有某种谁也不能缺少的对信念和个性的培育。每个人显然只有当他本身不是着眼于其特殊的职业，而是努力成为一个良好和高尚，且按照他的状况受到教育的人和公民时，他才是一个好的手艺人、商人、士兵和经纪人。如果给他讲授为此所需的课程，则他以后会轻而易举

---

① 彼得·贝拉格. 威廉·冯·洪堡传 [M]. 袁杰，译. 北京：商务印书馆，1994：75.
② 彼得·贝拉格. 威廉·冯·洪堡传 [M]. 袁杰，译. 北京：商务印书馆，1994：76.
③ 洪堡的思想渊源极为复杂多样。就基本精神气质而言，他更倾向于席勒而不是歌德。在哲学上，洪堡既受德国古典哲学的影响，具有理性主义色彩，也受到哈曼、赫尔德尔等思想家的影响，具有人文主义因素，可列入"语言人文主义"的思想路线中。

地获得他职业所需的特殊能力,且一直保留着这样一种自由,即从一种职业转到另一行,而这是在生活中经常发生的。①

用现在的话来表达,洪堡的意思差不多就是:素质、个性、修养是第一位的,而知识、技能、专业则在其次。"这种教育不应该是为维持生计和复杂的文明机构的实际功能做准备,而应该是理想主义的类型教育。"② 在我看来,洪堡的信念在今天越来越具有现实意义了。现代大学教育的主流是基于越来越专业化的实务技能训练,即洪堡所讲的"职业需要的特殊能力"的训练。"特殊"始终意味着"片面"。洪堡认为,特殊(专业、职业)教育是简单的、束缚人的,只要实施了人的全面理想教育,人成为一个有信念、个性、教养的人,那他就能获得充分的自由,甚至是转行、更换职业的自由。

洪堡的上述想法也使我想到好大学与差大学的区别。就目前中国大学来说,各大学的专业、课程、学时、考试等体制大体相同,当然师资、设备、资料等有好坏,但这都不是关键所在,关键在于,一般而言,好大学的学生在一个较好的氛围里获得了比较自由和自觉的个性培养和自我设计,对于自己有了较好的认识,知道自己要成为、能成为什么样的人,以后要做什么、能做

---

① 威廉姆·冯·洪堡. 1809年12月呈国王的工作报告[M]//威廉姆·冯·洪堡. 文集(五卷本):第四卷. 斯图加特,1982:218.
② 彼得·贝拉格. 威廉·冯·洪堡传[M]. 袁杰,译. 北京:商务印书馆,1994:73.

什么。这种认识不是纯粹的专业或技能训练能达到的，而是需要有一个良好的教育氛围来促成的。它需要更全面的修养，需要通过 bilden（塑造）来达到 Bildung（教养）。

二、纯粹学术与大学独立

如上所述，洪堡的古典主义人文理想也就是他对于理想完人的设计。我们不能同意人们对洪堡这个理想所做的完全实利主义的责难，尽管在他这个设计中也有不少疑点。教育（大学）本身就是理想的。教育机构，特别是大学，正是人们营造理想、实现理想的所在。人本身就是理想的。人若没有理想的追求，岂不跟猪猡无异？

洪堡正是以古典主义—理想主义情怀来计划普鲁士国家教育，创建柏林大学的。特别是柏林大学的建立，被称为"决定德国命运的成就"。[1] 18 世纪下半叶，柏林只有一些实用专业学校，如采矿、兽医、建筑学校等。建立柏林大学的设想，当时也有政治方面的因素，那就是 1807 年普鲁士大败于拿破仑，被法国割去一半以上的国土，普鲁士同时丧失了包括哈勒大学（当时最好的德国大学）在内的七所大学。1807 年 8 月，哈勒大学校长向国王建议，以哈勒大学的师资为基础在柏林重建大学。国王表

---

[1] 彼得·贝拉格. 威廉·冯·洪堡传[M]. 袁杰, 译. 北京: 商务印书馆, 1994: 76.

示赞同，说"好，有勇气"。不过此前几年里，实际上已经有人在筹划在柏林创办一所高等学术机构，哲学家费希特等参与了设计。①1809年7月，上任不久的洪堡向国王提交了创建柏林大学的申请报告，即获批准。洪堡当即开始聘请著名学者为教授，施莱尔马赫、费希特等均在其中。大学于1810年9月29日正式开办。

新成立的柏林大学在组织上仍无异于传统的大学制度，由神学院、法学院、医学院和哲学院组成。柏林大学之新，主要还在理念上，根本说来就在于我们上面讲的古典主义—理想主义的人文观念，以及以此为基础的教育理想。我们也应该看到，柏林大学的大学理念并不是洪堡首创的。相反，在洪堡之前，一批哲学家如康德、谢林、费希特、施莱尔马赫等都对大学教育做了理论阐述，其中特别是费希特和施莱尔马赫，作为柏林大学创建过程中的积极参与者和首批教授，他们的哲学和教育思想对于新大学理念的形成具有决定性意义。②

费希特在《论学者的使命》中说："就学者的使命来说，学者就是人类的教师。""学者是人类的教养员。"③那么，学者是通过什么来造就的？费希特说是大学。他赋予学者，从而也就赋予

---

① 参看陈洪捷. 德国古典大学观及其对中国的影响[M]. 北京：北京大学出版社，2002：29.
② 费希特为柏林大学第一任哲学院院长，后为校长；施莱尔马赫为第一任神学院院长，后亦任校长。
③ 费希特. 论学者的使命，人的使命[M]. 梁志学，沈真，译. 北京：商务印书馆，1984：43—44.

大学推进人类理性和人类社会进步的神圣使命。

在《德国特色之大学断想录》(1808年)中,施莱尔马赫系统阐述了他的大学理念。施莱尔马赫关注的中心问题有两个:一是大学和科学与国家的关系,二是哲学在大学和科学中的地位。就前者而言,关键是"自由",就后者来说,关键是"统一"。①施莱尔马赫强调学术(科学)自由和大学对于国家的独立性。大学属于在人类求知天性基础上自发形成的学术共同体,因此国家不应加以外力干预。不过就当时神、法、医、哲四个学院来说,它们与国家的关系是有所不同的,真正说来只有哲学学院是可以保持独立的,因为哲学是纯粹的学术。施莱尔马赫甚至主张:如果从学术的角度来考虑大学建制,那么就只保留哲学系好了,因为它"概括了所有由自然和由它本身形成为科学的东西"。②

洪堡从启蒙运动和古典主义的人类理想形象出发,形成了充分发展人的个性的教育概念。他显然也受到费希特和施莱尔马赫哲学的影响,但并不像这两位哲学家那样持完全的"哲学王"的立场。如果一味按照费希特和施莱尔马赫的主张,则柏林大学恐怕就只是一个"哲学学府"了。你哲学家愿意,人家也未必愿意。洪堡是纯粹的、哲学的,不过他又具有尊重现象的务实精神。这种气质可谓"中庸"。蔡元培先生差不多就具备这种气质。好的大学校长看来都得秉持"执两端而取其中"的中庸精

---

① 参看彼得·贝拉格. 威廉·冯·洪堡传[M]. 袁杰,译. 北京:商务印书馆,1994:77.
② 参看陈洪捷. 德国古典大学观及其对中国的影响[M]. 北京:北京大学出版社,2002:49.

神，这也是大学的自由本质所要求的。

在《论柏林高等学术机构的内外组织问题》的开篇，洪堡表达了他关于大学（所谓"高等学术机构"）的基本概念：

> 关于高等学术机构的概念乃是一个极点概念，所有直接为民族道德文化而发生的事情都汇聚于此极点上。这个概念的依据就在于：高等学术机构负有使命，去开展最深刻又最广泛意义上的科学（Wissenschaft，或译"学术"）之工作，并且把科学当作一种并非有意地、但自发合乎目的地得到准备的材料而献给精神和道德教化，使科学为后者所用。因此，高等学术机构的本质在于：在内部，把客观科学与主观教养（Bildung，或译"教化"）联系起来；在外部，把已完成的学校教学与刚开始的受自己引导的大学学习联系起来，或者毋宁说，导致从客观科学向主观教养的过渡，从已完成的学校教学向自我引导的大学学习的过渡。不过，总的观点依然是科学。因为正如科学是纯粹地存在的，它在整体上也得正确地抓住自身，尽管难免会出现个别的偏离。①

这段话涉及洪堡的几个极重要的思想。首先，大学（高等学

---

① 威廉姆·冯·洪堡. 论柏林高等学术机构的内外组织 [M]// 威廉姆·冯·洪堡. 文集（五卷本）：第四卷. 斯图加特，1982：255.

术机构）的使命在于开展纯粹的学术研究，所谓"最深刻又最广泛意义上的"学术或者科学，指的就是哲学意义上的或者希腊意义上的"科学"（episteme）。大学是"哲学的"。[①] 其次，大学的内在本质（终极目的）是人类"教养"或"教化"（Bildung），在这里被表达为"客观科学与主观教养的结合"。如上所述，这是洪堡古典主义的人的理想的体现。再次，大学在外部组织制度上应该体现整体性和统一性，把学校教学与大学学习（研究）联系起来。洪堡说："从哲学角度看，只有三个阶段的教学——小学教学、中学教学和大学教学。"[②] 为什么要强调"从哲学角度看"呢？因为在洪堡看来，教学必须贯穿人文理想，必须贯穿学术（科学）的统一性和整体性。

洪堡的"学校"（Schule）概念是特定的，当时那些旨在训练技能的国民学校和职业专门学校，在洪堡看来算不上"学校"。根本上他只把高级人文中学视为"学校"。另一方面，大学也不再是"学校"，因为在大学里不应再有教师与学生，而只有"受指导的研究者"（学生）和"独立的研究者"（教授）。大学教师和学生都是研究者，教师的创造性研究成果才能用于教学，才能用来指导学生的研究。研究与教学的统一，亦即研究者与教师的统一，被视为德国大学的支柱。国内现在所提倡的研究性大学，大抵也与这个原则相合。

[①] 在这一点上，洪堡的思想与费希特、施莱尔马赫的并无二致。
[②] 威廉姆·冯·洪堡. 柯尼斯堡教育计划[M]// 威廉姆·冯·洪堡. 文集（五卷本）：第四卷. 斯图加特，1982：169.

纯粹学术、学术自由以及研究与教学的统一，都必然要求大学具有自主独立的性质。这就涉及大学与国家的关系。洪堡认为，国家不应以直接的利益和功利来要求大学，而要让其保持独立性。大学与国家的终极目标和利益是一致的，大学发展，学术昌盛，这正是国家的福祉；而且只有大学的发展才可能为国家的发达创造条件。而为了大学的发展，国家能做的就是无为，让大学保持自主独立的运作。

三、"教的自由"与"学的自由"

在对大学的使命和本质做出规定之后，洪堡进而提出了大学的支配性原则，或者说大学的基本组织原则："只有当尽可能所有的高等学术机构都面对着学术的纯粹理念，它们才可能达到自己的目标。正因为这样，寂寞（Einsamkeit）与自由（Freiheit）便成为高等学术机构范围内起支配作用的原则。"[①]

有论者总结了洪堡的"寂寞"原则，盖有三层意思：其一，大学为纯粹学术机构，独立于国家所有组织形式，不应受到国家的任何干预。其二，大学致力于纯粹学术和修养，故大学应独立于社会经济生活，不可夹缠于世事俗务。其三，大学师生应沉潜

---

① 威廉姆·冯·洪堡. 论柏林高等学术机构的内外组织 [M]// 威廉姆·冯·洪堡. 文集（五卷本）：第四卷. 斯图加特，1982：255.

问学，持守寂寞。①"寂寞"并非全然的消极心理状态，而是指向学术的纯粹、自由以及学者的自持、坚守和专注，是学者研究和沉思生活的必需品质。就大学来说，"寂寞"是一种纯一内涵的状态，体现着大学的独立自主、自成一体的品质。德国许多名牌大学设在冷僻城市，而不是在喧闹大都市。反观我们国内，大学都集中在地域政治中心或者经济中心，似也反映了我们的大学缺乏独立品质。

再说"自由"。如前所述，洪堡大学教育理想的终极目标是"完人"之教化和培养。"完人"就是"自由人"，因此，"自由"应该是大学的题中之义。进而从大学的纯粹学术和自主独立品质来说，"自由"也是必需的，对于大学来说就是"天条"。"自由"是大学之所以为大学的基本精神、基本组织原则，是大学的本质要义所在。没有"自由"这一条原则，大学无以成立。

从外部关系来说，"自由"原则指向国家对大学自由的可能侵害。为了保证大学的自由，洪堡甚至不惜赋予国家一种权力，即由国家聘任大学教授。这听起来违反了他主张的大学独立和自由要求，但实质上却是为了保护大学的自由，因为洪堡认为，大学内部难免会出现文人相轻、门户之见，需要动用外部力量来加以调控，以保证学术公正和自由。

就大学内部组织和运作来说，我认为洪堡所谓的"自由"原则无非表现为两个基本方面：一为"教"的自由；二为"学"的

---

① 陈洪捷. 德国古典大学观及其对中国的影响[M]. 北京：北京大学出版社，2002：39.

自由。这是大学自由的根本内涵。大学首先是学者（师生）在其中从事学术研究的所在，而学术研究就是追求真理、创造知识，它的必要前提是自由。学者们必须有自由地选择研究课题、自由地从事研究、自由地发表研究结果的基本权利。大学教师在大学里从事的教学活动，就是对自己的研究成果的公布。这种公布自己的研究成果的活动是不能受其他限制的。再从"学"这方面说，大学里的学习者都已经是成年的公民了，他们为了求知、为了学术研究进入大学，希望找到通向真理的道路，或者是希望获得今后谋生的手段。他们自然有权利自由地选择自己希望学习的东西，包括专业、课程以及程度等。他们也有权利选择自己愿意听的课、愿意跟随的导师。

如果从上述两方面的自由要求来看，今天我国的大学可能还是不完全的。且不说以前旧意识形态方面的干扰，我们今天的大学体制本身也还是有许多问题的，还不能提供一种合乎大学的自由本质的运作状态。现在大家对大学改革的讨论特别多，这是个好兆头。而无论怎么说，我总以为改革的基本目标就是要达到上面讲的自由。比如教师开课，我们现在已经把课程都定好了，教材也差不多定好了，而不是由教师自主地开课，展示个人最近的研究成果。再比如学生选课，按说国内大学基本上都推行了学分制，但多半还不是名副其实的，或者说是不完全的。真正的学分制是学生自由选择，而其前提之一自然也是教师自由开课，因为只有这样才可能有丰富的课程让学生选择。

遵循大学的自由原则，大学才能成其为大学。国内大学现在问题多多，困难不少，而在我看来，关键还在于没有遵循自由原则。拿我们哲学系来说，目前我国的哲学本科招生都不容易（第一志愿生源少），但硕士研究生和博士研究生的招生却是十分火爆的。我以为，要解决哲学本科招生困难问题，根本上还得依靠"学的自由"，因为"学的自由"也意味着公民终身教育的实现。只要改革高考制度，实施公民终身教育，一个公民无论在什么年纪都可以凭着中学毕业证书注册入校，则哲学本科的招生困难就会自动消失，哲学就将成为一个十分热闹的专业。要求现在十七八岁的小孩们对哲学有兴趣，自然是困难的；但成年公民对于哲学的兴趣却是十分强烈的。哲学是需要比较成熟、丰富的阅历和经验的，而且是特别需要兴趣和热爱的。而我们现在的制度设计却把真正的哲学爱好者们拦在校门外了——这对头吗？据我的观察，在我待过一年半的德国伍泊塔尔大学哲学系里，中老年学生占了学生总量的四分之一至三分之一。我认为这才是真正的哲学系。

还有搞笑的事。我们的大学不但需要操心和担忧招生，而且要负责和张罗毕业生的就业。这真的是一个大笑话。如果没人来报考某个专业了，那只能说明社会已经不需要这个专业了，应该关停这个专业，为什么我们要通过"招生宣传""骗"学生进来呢？至于毕业生有没有找到工作、去哪里工作、薪酬几何，这些难道是大学应该管的事吗？难道不是作为公民个体的毕业生自己的事吗？更不可思议的是，至少有几年，各高校之间相互攀比毕业生就业率，于是开始造假，让学生到校门口超市里花50元盖个章,就算是就业了。

缺失了"本质"的大学,是什么事都可能有的。

四、结语

大学的本质是什么?大学的使命是什么?大学的基本精神是什么?大学应该有什么样的运作机制和状态?这些都是未尽的繁难课题。在座各位都是大学中人,我们都被大学规定着,我们有必要认识大学,因为在很大程度上,认识大学就是认识我们自己。

伟大的教育哲学家威廉姆·洪堡为我们提供了三个基本的大学理念:一、完人教养;二、纯粹学术;三、自由大学。"完人教养"是一个古典理想,是大学的终极目的和使命;"纯粹学术"是独立大学的立身之本;"自由"则是大学的基本原则。如此理解的大学是理想的大学、哲学的大学。在我们今天这个实利至上的时代和社会里,洪堡的纯粹大学的理想始终构成一种警示。

"小"大学而"大"学术[1]

记者：孙老师您好，作为学界中人，您在现象学哲学研究领域卓有成就，现在作为同济大学哲学系的系主任，您又在为建设一个新的哲学系而忙碌。我们关心的第一个问题就是：在一个以理工科见长的高校里面，哲学系的位置在哪里？

孙周兴：你的问题当然是我特别关心的。同济大学在新中国成立前是一所综合性大学，有很好的文科。新中国成立后文科被归并到复旦大学，同济成为一所以土木建筑为主的单科性大学。对学校来说，这本身是值得深思的。大学是特别需要历史积累和传承的。你知道中国的大学才百年历史。同济办于1907年，快百年了。在1949年以后的调整过程中，同济是受损害最大的一所，可能浙江大学也是。我们最近正在梳理同济哲学系的历史，心里

---

[1] 本文系作者接受上海《社会科学报》记者采访的谈话录，原载《社会科学报》，2004年5月27日第5版。

感到重重的。同济哲学系创于1946年，当年陈康先生、杨一之先生、熊伟先生、冯契先生等一批知名学者曾在此执教。但学统中断，半个世纪的间距，今天说起这些个名字来，对我们来说只是一种回忆而已，此外还有什么呢？要想重接学术传统谈何容易！

老实说，与其他同类院校相比，同济恢复和发展文科的工作总的来说是滞后的。像清华大学、华中科技大学等，就做得比较早、比较好，现在已经弄得很有样子了。最近几年来同济重视发展文科，提出人文与科技并重、建设综合性大学的办学目标。去年上半年终于恢复了哲学与社会学系建制。我们已经开始招收四个专业的哲学研究生，从今年开始也将招收哲学本科生。刚刚起步，当然是难的。但这一步是必然的。我说这些的意思是要说明，同济开办哲学系，是与学校的发展目标相关的。十多年来同济设了不少人文社科专业，已经有好几个学院了，而哲学系的恢复也算迟了一步。可以这么说吧，恢复哲学系是一个标志，表明同济建设综合性大学的工作已经进入一个实质性阶段了。

我还想强调的是，一所大学没有哲学系是不成样子的。大学是西方的。我并不否认中国古代有教育和研究传统，但现代的大学，在本质上却是有别于我国古代书院的。现代大学的基本特征是什么呢？其中有一条就是严密的知识分类系统以及相应的科学研究方法。在欧洲，最早的知识分类系统是在古希腊文明中形成的。柏拉图的"学园"已经有点大学的样子了；在柏拉图的哲学中，知识的分类已经比较成熟了。到柏拉图的弟子亚里士多德手上，我们见到了古代世界最完备的知识分类体系。现代意义上的学科分类，基本上是以亚里士多德为依据的。若要说有什么变化，那就是在亚里士多德的"理论性科学"（如数学、物理学、形而上学等）、"实践性科学"（如伦理学、政治学、经济学等）和"创造性科学"（如诗学、修辞学等）之外，加上了"技术和工程"。从这个意义上讲，大学是具有希腊性质的，而且是具有哲学性质的。也就是说，哲学不只是大学体系中的一个系科，而是整个大学体系的基础，可以说是大学的"精神"所在。

记者：您只是从学科分类意义上来讲大学，难道大学的本质就在分类？在您看来，大学的基本精神是什么？

孙周兴：上面只是从形态上讲大学具有希腊性质，这当然是不够的。大学的本质是什么？大学的基本精神是什么？要回答这几个问题，也不是特别容易的，因为我们可以从多个角度观察和看待大学。但无论如何，有一条对于大学来说差不多是"天条"，那就是：自由。自由是大学之所以为大学的基本精神，是大学的本质要义所在。大学的本质是自由，具体表现为两方面："教"的自由和"学"的自由。大学首先是一些学者在其中从事学术研究的所在，而学术研究就是追求真理、创造知识，它的必要前提是自由。学者们必须有自由地选择研究课题、自由地从事研究、自由地发表研究结果的基本权利。学者们在大学里从事的教学活动，就是对自己的研究成果的公布。在法律范围内，这种公布自己的研究成果的活动是不能受到其他限制的。再从"学"这方面说，大学里的学习者都已经是成年的公民了，他们是为了求知进入大学，希望找到通向真理的道路，或者是希望获得今后谋生的手段。无论出于何种动机，他们自然有权利自由地选择自己希望学习的东西，包括专业、课程以及程度等。他们也有权利选择自己愿意听的课、愿意跟随的导师。

如果从上述两方面的自由要求来看，今天中国的大学可能还是不完全的。且不说以前意识形态方面的干扰，我们今天的大学体制本身也还是有许多问题的，还不能提供一种合乎大学的自由本质的运作状态。现在大家对大学改革的讨论特别多，特别是因为北京大学的改革方案的出台。这是个好的兆头。无论如何，我总以为改革的基本目标是要达到上述的自由。比如教师开课，我们现在已经把课程都定好了，教材也差不多定好了，而不是由教师自主地开课，展示个人最近的研究成果。再如学生选课，按说国内大学基本上都推行了学分制，但多半还不是名副其实的。真正的学分制是学生自由选择，而其前提之一自然也是教师自由开课，因为只有这样才有丰富的课程让学生选择。

记者：您对同济哲学系的设想是"走特色之路"，这一点给我印象很深。这是否意味着是对现在中国高校仍然坚持走"大而全"的办院、办系方向的一种纠偏？或者说，在您看来，大学办学追求"大而全"的弊病在哪里？

孙周兴：对我们一个新系来说，首先肯定要在办学理念上有一个定位，定出一个特色来。同济哲学系如果搞成一个古今中外全面开花的系，恐怕是不现实的。我们把本系哲学学科发展的重点定位于两个方向：一是欧洲哲学（德法哲学）研究，二是政治哲学研究。这样就可以重接同济历史上曾经有过的短暂而不失辉煌的哲学传统。20世纪40年代有一批研究德国哲学的知名学者在同济任教。基于这个定位，我们在制度上没有采纳国内通常以二级学科设置教研室的做法，而是构造了几个特色研究机构，如德国哲学与文化研究所、法国思想文化研究所、比较哲学与比较宗教研究所、当代马克思主义研究所等。

上次贵报刊出过我的一个座谈发言，是未经本人审查的，对我的意思大有曲解，让人感觉我们要把同济哲学系弄成一个专门研究某某哲学家的系，这是不对的，也不是我原来的说法。其实在当时的谈话里，我说的是德国大学哲学系的情况。在一个德国哲学系里重要的是教授，而不是二级学科的布局。比如说一个系里设三个固定的教授职位，他们的研究重点就决定了一个系的研究特色；他们退休后，空出的位置是要对外公开招聘的，是通过激烈竞争上岗的，遴选接班人时一般就会考虑保持原有的研究特色。所以每个系一般都会形成学统和特色。例如，就哲学史研究来说，大家就比较清楚，研究康德、黑格尔应该去哪个或者哪几个哲学系，研究尼采、海德格尔应该去哪个或哪几个哲学系。

我们国内的情况就不同了。我们好像更注重学科布局的科学性和全面性，哲学被分成八个二级学科，什么都不能少。于是往往教师队伍庞大，学科壁垒森严，比如我们指导研究生吧，就被指定在某个二级学科上面，不能越界。另外，由于教授自主性小，行政权力过大，经常弄得一个系就像随意的作坊似的，并没有严格的制度保证。据说有一个文科系，某教授当了系主任，强调古代学术的重要性，于是把本科培养方案拿来改一遍；接着另一个教授当了系主任，强调现代学术的重要性，于是又把本科培养方案拿来改一遍；如此可以永远改下去，没完没了的。这不是笑话，是一个仍旧在重复的故事。

记者： 对于一个相当于"白手起家"的哲学系而言，"走特色"不失为一条快速成长的捷径。但在"特色"里是否还包括可能的缺陷或不足？比如说，"特色"有利于发展学术研究，却不太适合本科的基础性教学。

孙周兴： 你说得对，这也是困扰我们的一个问题。你要办一个有特色、有重点的系，必然要有所为而有所不为，这在研究生培养上可能问题不至于太大，但对于本科教学来说，就有一个困难出来了：本科教学还是综合素质的教学，需要全面，学生们需要对哲学各个门类、各个二级学科都有了解，无论是中国哲学、外国哲学，还是美学、伦理学、逻辑学、科技哲学，等等，本科生都得学一点。你办个特色和重点出来，就难免顾此失彼了。所以一个有重点的哲学系与哲学本科专业的全面要求之间，是有矛盾的，不是没有问题的。

但话说回来：如果全国所有的哲学系都是按照二级学科设立的全面发展的机制，都有统一的培养方案，而且都采用了统一的教材，那是不是也太可怕了呢？最后出来的"产品"岂不都是一式一样的？人才能这样被加工吗？

记者： 无论作为中国的现象学专家还是作为现在的哲学系主任，您所致力的目标都是繁荣和发展中国的人文学术。重学术才是根本。但是我们现在看到得太多的却是盲目打造"世界级航母"的高校和片面追求数字繁荣的学术，这实际上是一种"大"大学而"小"学术的倾向。我想您也是对之深恶痛绝的。

孙周兴： 现在高校的发展确实有一点"大赶快上"的味道。你说国际一流，他说世界一流。这里有个大学城，那里有个高教区。几乎每个大学都在圈地。你有三千亩，我有六千亩；你有三万学生，我有五万学生。刚刚说这个大学全国最大，没两天就被超过了，出现了更大规模的。事情变得有点好笑了。可见当年"赶英超美"之论也是有群众基础的。

这里面，我觉得最大的问题是指标化或数字化管理。说来也可怜，各式的大学排行榜让各个大学的领导们不得安宁，生怕在自己任上排名越来越差，被人骂。而你要有好的名次，就得有数据，就得有指标。大家都在为数字而奋斗，就是你所讲的片面追求数字繁荣。这方面的问题已经十分严重了，已经有点可怕了。

我举个例子来说。许多大学现在规定：硕士和博士研究生在校期间必须发表若干篇论文，否则就不能毕业。大多数学校甚至规定，博士研究生必须在国家权威刊物或者A类期刊上发表所要求的论文。而所谓的"权威刊物"或者"A类刊物"，如果拿哲学这个一级学科来说，就只有《哲学研究》和《自然辩证法研究》两种，前者是"权威"，后者是"A类"。哲学有八个二级学科方向。像科学技术哲学差不多对应自然辩证法，所以总算有一个专门的 A 类刊物；像中国哲学、外国哲学等学科，就只有指望《哲学研究》这个"权威"了。《哲学研究》每年 12 期，每期不超过 15 篇文章，也就是说全年不超过 150 篇文章，落实到各个二级学科，平均每年不会超过 20 篇文章。现在博士生导师多了，学生也越招越多，一个博士点上有五六个导师、五六十个博士生的也不算少数了。就算一个学校的一个二级学科专业（比如外国哲学）每年毕业 15 人吧，每人要在《哲学研究》上发表至少 2 篇论文，共计 30 篇，也已经远远超出了这个杂志每年的可能发表量。于是一个必然结果是：假设所有别的大学都关门了，所有研究机构也关门了（当然《哲学研究》杂志还得在），中国只剩下唯一一所的大学，里面有一个外国哲学博士点，这个点上的教师们也都被禁止在《哲学研究》上发表文章了，全留给点上的博士生们，即便这样，也还不能让这个点上的全体博士生毕业！

你看看，这都叫什么了？我们的大学制度非理性、无视常识到了这等地步，简直匪夷所思了！研究生完成学业是要通过严格的毕业论文评审和答辩程序的，如果评审和答辩专家们认定学生的毕业论文已经达到了相应的要求，凭什么不让他毕业？现在这种非理性的规定的后果是，学生们不得不绞尽脑汁发表论文，反而耽搁了学业和毕业论文质量。因为这项规定还延伸到更广大的硕士研究生人群（当然期刊档次有所降低，多数学校降到 B 类或者所谓的核心期刊），问题变得更为严重。许多研究生被逼忙着东拼西凑，拉关系、找渠道，把不像样子的"学术论文"发表出来。更有甚者，据我所知，还有一些期刊乘机扩容（增加页码或另出"增刊"),向学生们收取版面费。有人就做起这方面的生意来了,发论文成了一个产业!可怜我们的学生们!他们本来就是"无产阶级",是靠助学金、父母资助、个人打工谋生的,现在还得花钱发表他们并不情愿发表的文章!

教师们也不好过,被要求每年在哪些哪些期刊上发表多少多少篇论文。这且不说了。说来你是教师,领了一份薪水,总得干点活出来的。但教师们还有更多的指标,其中重要的是科研经费。你得去争科研项目。项目被分为纵向的和横向的。所谓纵向的就是国家的或上级部门的;而所谓横向的就是企业的。如果说纵向科研项目的申请、审批、使用还有形式上的程序公正和管理规范,那么横向的项目就不好说了。问题是学校需要指标。学校要求各院系科研经费年年递增,多多益善。僧多粥少,弄不来那么多纵向课题怎么办?去弄横向的课题,也就是企业委托的课题。但也不是什么专业都弄得来横向的课题,比如文史哲,哪个企业或者公司需要你的这种研究呢?让一个企业来投资搞个哲学或文学课题?也不打紧,可以弄名义上的。你升职称需要科研经费,你当研究生导师需要科研经费。

现在教师们的岗位被分成三六九等,年年要填表,岁岁要考核,其中有一个重要指标也是科研经费。所以你马虎不得,你得动脑筋、通关系,实在没法子了就只好自己掏腰包了。只有校领导还比较开心,年终的时候宣布本校科研经费又增长了两成、三成,达到了两个亿、二十个亿、四十个亿。

这样弄下去,大学还叫大学吗?

记者： 当然我们也会碰到这样一种辩解的理由：没有规模效益，哪来质量效益？没有量变，哪来质变？在"大学"的建设和"学术"的发展问题上，我们怎样才能走出这一思维的怪圈？

孙周兴： 这是常常听到的一种辩解。人们说，我们总得有业绩考核吧？既然要考核，总得有个量吧？质是以量为基础的，没有量哪有质？这种"辩证法"实在是可怕得很。学术研究方面的事情是不能这样来想的。你这个大学今年有两万篇论文，如果并没有构成对学术的真正推进，又有何用？更何况出于上面讲的原因，我们所统计出来的数量也是含有虚假成分的，是被逼出来的量，是被制作出来的量，就更没有质可言了。

说实话，对于能不能抑制整个量化的倾向和趋势，我是比较悲观的，因为大学量化管理只是技术时代全面数量化社会管理和社会生活的一个表现而已，而技术对于社会的支配作用是越来越不可抑制了。但这并不是说明我们就可以无所作为了，或者可以一味怨天尤人了。大的局面一时改变不了，不等于我们可以干脆发发牢骚就算了。我们仍旧需要一种积极抵抗的姿态，在力所能及的范围里做点实事，比如说在一个小的环境里，把真正的学术优先的原则确立起来，把民主讨论和决策的气氛培养起来，尽力维持基本的公正和透明，等等。虽然会受到限制，虽然有时候也不得不应付，但只要我们努力，总还是可以做点有益的事体的。再说了，从小处着手，应该是做事的基本道理。毕竟对于我们的日常状态来说，我们处身的小环境是最重要的。

大学是为你们的,大学是为未来的①

各位同学,大家好!今天对各位来说是一个重要的日子,从今天起,各位成了同济大学人文学院的一分子,这将是一辈子不变的记号;还有,从今天起,各位站到一个独立公民的平台上了,是人生新起点、新境界。我兼任人文学院院长,照例要在每年的迎新会上讲几句话。但我眼下正在德国柏林访学,与各位相距上万公里,只好写上几句,特请刘日明教授代为转达。

据我所知,我院今年共招生156人,其中本科生84人,研究生72人(54名硕士研究生,18名博士研究生)。这与我们规划的100本科生+100研究生的招生规模还有一点距离。我想只好慢慢来,毕竟我院是同济大学建院时间最短的学院(2006年建院),至今只有7年历史。但我这样说并不准确,因为新中国

---

① 本文系作者2013年同济大学人文学院迎新致辞。

成立前的同济大学就设有文学院（创建于1946年），同济哲学系还是沪上最早的哲学系呢，可惜到1949年就被归并到其他学校去了。中国现代大学的历史短，百年大学就算"历史悠久"了，而且差不多是被"并来并去"的历史。我最近去了一趟青岛，才知道德国人在青岛也办过一所大学，叫德华大学，又称"黑澜大学"（不好听！），是青岛最早的大学，创办于1909年，1914年合并入同济大学（当时叫同济医工学堂），我们的土木学科发源于这所德华大学／黑澜大学。青岛德华大学的旧址还保存着，现为青岛铁路分局大楼，各位有机会和兴趣可以去参观。

各位进了同济大学，就得了解这所大学的历史。这所大学的历史将成为你今后的人生故事背景，这所大学的好坏也将在一定程度上成为你今后事业成功与否的决定性因素之一。各位进校，就是这所大学的主人，就得有主人翁的意识，你甚至就得想想，这所大学应该怎么办才好，办学的理念是否高贵典雅，系科的布局和设置是否合理，各专业的课程体系是否完备，现行教学方式是否先进妥当，凡此种种。不但学校当局要考虑，学校的教授们要参与，同学们也同样要当作"自己的事"来想。毕竟，大学是为你们的，大学是为未来的。

我这次在德国柏林自由大学（FU，Free University of Berlin）访学，但住在距离德国柏林洪堡大学（HU，Humboldt University of Berlin）不远的原东柏林。我想到这两所大学的历史，也是不免唏嘘的。原先的柏林大学是伟大的德国语言学家和教育家威廉姆·洪堡创办的，建于1810年，是欧洲现代大学的典范。我们中国的北京大学,也是蔡元培先生借鉴洪堡的大学理念加以改造后才成就名校的。现在的柏林自由大学和柏林洪堡大学是第二次世界大战留下的后果。大家知道德国是战败国。1948年苏联占领东柏林后,原先柏林大学的部分师生为追求学术自由而逃离东柏林,受西方阵营的支持,在西柏林成立了"柏林自由大学",而原先的柏林大学则于1949年被改名为"柏林洪堡大学"。于是呢,就有了两个柏林大学。德国统一以后,这两个大学就相互争执,争谁是正宗的柏林大学,实际上就是争身份,争谁是老大。我曾经跟德国同事开玩笑说:"你们好无聊啊,要放在咱们中国,好办得很,上级一声令下,把两校合并起来就算了,就成了德国大学的老大嘛。"我这是说笑。现在如果要我在两所大学之间选择,我大概会选柏林自由大学,因为这个校名更能显示创办人洪堡的大学自由理想。

同济大学是德国人创办的,从青岛合并过来的德华大学也是德国人办的。11年前我想调离浙江大学,最后考虑来了同济大学,原因之一也是这个学校的德国和德语背景,因为我是从事德国哲学研究的。但当时同济还没有哲学系,更没有人文学院。我们可以说是白手起家,做成了现在这个样子:三系一所一院(哲学系、中文系、文化产业系、历史学所、欧洲思想文化研究院);三个本科专业,两个一级学科硕士点,一个一级学科博士点(共招九个博士点研究方向);还有,我们的哲学学科已被列入"上海市一流学科建设计划"。所有这些固然没什么好吹的,但毕竟同济人文学科在短短几年里从无到有,已经有了基本的格局。各位现在进校，几年后毕业离校，我只希望各位不会有入错了门的感觉。我一直以为，就办学者/教育者来说，误人子弟是最大的罪过。

现在我们要问：一所有德国背景的大学应该有啥精神？我以为，每一种教育制度背后都是一种哲学理念的设计。德国的大学精神是由上面讲的洪堡奠定的，它的基本点有两个：其一是"统一"，其二是"自由"。所谓"统一"或者说"整体"，主要是研究与教学的统一，当然也包括学科和培养体系方面的整体性。研究与教学的统一被认为是现代大学的基本准则，而且这种统一是要统一到"研究"上，以"研究"为根本的，因为大学是做研究的场所，如果没有好的"研究"就不会有好的"教学"。德语的"研究"（studieren）同时就是"学习"。各位进校，首先要确立一个信念：我是来做研究的。我们的基础教育已经让各位"过度学习"，从现在开始，各位的任务是"研究"。

第二个基本精神是"自由"。这对"研究者"（教师和学生都是研究者）来说是必然的要求，本来不用多讲。做研究是要自由的，当然也是要有规范的；大学阶段应该就是习得自由研究的基本方法和基本规范的阶段。而这只是一个方面，是指大学制度需要保证师生（研究者）的自由研究。但大学的自由理念还联系着"完人"理想，就是说，大学要培养具有自由人性的"完人"，自由的人或者人的自由，正是大学教育的终极目标所在——我们这里可以补上一句，"人的解放"不也是马克思的共产主义理想的目标吗？大学的本质是自由，无论目标设定、制度构造、管理运作，等等，都必须有利于促进和保证大学的自由本质。

若以上面列的两个基本精神来要求今天的中国大学，我们不得不承认，我们还差得远哪。去年11月召开的中共十八大强调"深化重要领域改革"。我相信所谓的"重要领域"一定包括了教育，因为众所周知，我们的教育属于改革开放三十多年来还需要深化改革的少数几个重要领域。

目前中国的大学可能正处于变革的关键时刻。而在此时，各位加入进来，成为大学的一分子，我希望各位同学不仅关注自己的研究，还要思考大学的本质和我们的大学。因为我们前面讲了，大学是为你们的，大学是为未来的。

我想以此来欢迎各位的到来！

2013年9月1日于柏林布赫霍尔茨（Buchholzer）街

教学的意义在于让人学会自由[①]

各位新同学,很遗憾,因为我现在还在德国访学,不能参加今天的迎新大会,只好匆匆写上几句,让学院其他老师代为致辞,表达我个人以及人文学院对各位的欢迎之情。从今天开始,你们已经成为同济人文学院的一员了,欢迎大家!

同济大学虽然有上海最早、也是最好的人文学科,但它在1949年9月就被中断了,中断了半个世纪之多。等到我们重建人文学院的时候,已经是21世纪了。五年前的夏天,我校恢复了人文学院建制,当时只有哲学和中文两个系,次年我们新建了文化产业系。不无遗憾的是,虽然我们做了种种努力,但我们学院至今依然没有历史学系。希望在本世纪之内,我们能完成这项任务——前提是要有一个伟大的校长,或者有一个伟大的院长。

---

① 本文系作者于2011年同济大学人文学院本科新生迎新大会上的院长致辞(请人代读)。

我院虽然是同济大学最新的学院，但毫无疑问是目前同济文科学院中学术力量最强的。目前我院有三个本科专业，两个一级学科硕士点（哲学和中国语言文学），一个一级学科博士点（哲学），其中已经开始招生的二级学科硕士点有10个，二级学科博士点有4个（外国哲学、中国哲学、宗教学和美学），下半年或者明年，我们还将扩大若干个博士点。在招生方面，本院设定的目标是：研究生招生规模与本科招生规模之比至少要达到1∶1水平，甚至要超出这个比例。

短短五年时间里，我们在学科规模上的发展速度是相当惊人的，但这算不了什么，毕竟同济人文学科还在建设的初级阶段。各位在校四年，将见证我们学院的进一步发展，但也将亲历我们在发展中的艰难困苦。

记得在去年的本科毕业典礼上，我向毕业生们宣布我院已经成为"世界一流学院"，当时引来大家一片哄笑声，大家都很开心。当时的语境是：我刚刚在北京听说某高校将在校庆庆典上宣布自己已经成为"世界一流大学"了。我一听就很愤怒：哪有这样的事情？自己就宣布了？"世界一流"是自己宣布出来的吗？当时我错误地估计了形势，以为只要该校宣布为"世界一流大学"，则国内其他大学都将竞相模仿，掀起一个宣布世界一流大学和学院的热潮。于是我心想：何不干脆我院先宣布算了？免得以后被动嘛——于是我就宣布了，成为国内第一个宣布的。但遗憾的是，北京这所大学的校长最后好像有点不好意思了，在今年校庆时未宣布自己已经成为"世界一流大学"。这是我对形势的误判，现在只好收回我去年的宣布。

各位能听出来，这差不多是一个笑话。但我今天要说的一点是：我院在教育理念和制度设计上是先进的，是跟世界一流大学靠得最近的。所以在这里得跟各位说一说，以便让大家知道自己到了什么地方。

我们的教育理念是什么？或者说，现代大学应该有的教育理念是什么？在我看来，核心的元素就是一个词："自由"。大学（理想的大学）是自由研究和自由教学的场所，"教的自由"和"学的自由"是大学的基本规定性。但国内大学在这方面是完全没有达到的。我们学院呢？我们在努力接近这个理想。到目前为止，我认为我院是国内最接近这个理想的。我院目前三个专业的本科生，在两年内可以自由地选择自己喜欢的专业，没有任何限制。这是在座各位的权利，是你们的自由。本来我院还想改革得更彻底些，学生不但可以自由选择专业，而且能自由地组织课程。我们的设想是把本科生的课程量（专业课）放大一倍左右（50—60门），让学生在这个放大的菜单上自由地选择约一半课程，这样，你们就可以自由地自己组织课程了。我们把方案都做好了，但学校不同意。所以目前，你们还只能吃菜单上的全部菜肴，无论你喜欢的还是不喜欢的，都得吃，而且都得吃完才能离开。

我刚刚说大学的基本理念是自由，各位听下来是不是会觉得自己特自由、轻松了？我的想法却不然。我认为对个人来说最不轻松的事就是自由选择。你只有一个对象，很轻松，认命呗；但如果你有三五个对象，不纠结吗？不痛苦吗？自由永远意味着个人的承担，充分的自由意味着最大的责任。我们国内的基础教育没有给学生这方面的训练，而只是制造"考试机器"，在这方面大家都应该深有体会。但现在，你们来到了同济大学人文学院，你们将面临一项前所未有的艰难任务：如何对自己的自由负责，承担对于自己的责任？学会自由，承担自由——你们做好这个准备了吗？

我说的是"学会自由"，因为自由是需要学习的。不光是你们，我们也一样，我们的教授们也需要这方面的学习。我院建院以后推行"教授委员会"制度，就是为了最大限度地保证这种自由——"教的自由"和"学的自由"；而教授委员会的教授们实际上也面临着如何使用自己权力的问题，这同时也是如何承担自由和责任的问题。对于人文学者来说，我想，这不但是一个个体性的问题，同时也是体现人文学科和人文教学的意义的问题。

教学的意义是什么？人文学科的意义是什么？这个问题难度极大，可以从不同角度给出答案。尤其在我们今天这个技术化、实利化的时代里，人文学科和人文教学的价值和意义越来越受到轻视和怀疑。各位在学四年，也必将不断地受到这方面的拷问。今天我们不能在此深入讨论这个问题。但我想说的是，无论如何，在我们这个时代，如果说人文学科和人文教学对于我们个体的生活、对于人类的共同生活还有促进作用的话，那么其中必有一条，就是：在对于个体自由精神和责任意识的培养方面，人文学科和人文教学将给出最大的帮助。

最后我想引用最近网上流传的美国兰德公司关于中国的一份报告，这报告很反动，对中国和中国人有许多负面的设想和批评，不少是带有种族偏见和文化偏见的，这个且不去说它。我注意到其中有一段话是关于中国教育的，大体意思是：中国的教育体系已经成为一种失败，它不能服务于社会，不能为社会提供有用的个体，而只是制造出一群投机分子，他们渴望从社会获得好处而毫不关心回报。

这话当然是偏激之言了。如果这话还有几分道理的话，那么，我想说：其中的原因之一，就是我们的人文学科萎靡了、颓败了，我们的人文教学衰落了、失败了。

对兰德公司的这个说法，我们当然可以不同意，可以反对和反驳，但面对我们今天不尽如人意的教育体制，这话完全应该成为一个警示——无论是在座的同学们，还是我们教师们，我们每个人都要问问自己：是不是这样啊？我们是（或者将是）一个对社会有用的个体吗？我们在为自己投机谋利的同时，想到过回报他人和社会吗？回到我们前面的话来说：我们学会了自由吗？有勇气承担自己的责任吗？我想把这个问题留给大家。

最后，我想在这里，在一万公里之外的遥远的柏林，表达对各位的美好祝愿：祝大家身体健康，学业顺利，天天开心！——毕竟，自由首先意味着快乐地生活！

2011 年 8 月 27 日晚记于德国柏林

艺术地和哲学地教与学[1]

很高兴到成都华德福学校来参加会议,感谢李泽武校长的邀请。我对于教育现象学、对于"现象学、人智学与教育"这个题目没有专门研究过,对于华德福教育体系也只是听说而已,但对于华德福学校及其思想基础即鲁道夫·施泰纳(Rudolf Steiner)的教育理想,我是早就有一些兴趣的,只是一直没有进一步了解的时机和决心。这次王俊博士翻译的施泰纳《自由的哲学》一书出版,加上今天的成都会议,于我就是一个很好的学习机会了。

我个人从事大学教育已近三十年,向来对于中国大学的制度和状态持批判的态度,曾经出版过一本小册子《欠改革的中国大学》,是我的讲话和短文集,多半是批评中国大学制度的。我以为,中国大学之所以办得不好,固然有社会方面的原因,也有基

---

[1] 本文系作者于2017年5月20—21日在成都华德福学校举办的"现象学、人智学与华德福教育学术论坛"上的报告,根据发言稿和录音整理和补充而成。

础教育制度、利益固化、社会风气、民众心态等多方面的原因。所以利用这个机会，我想先来讲一下我们整个教育体系，然后来谈谈鲁道夫·施泰纳的哲学，最后来说说什么是我设想的好的教育。以我对大学教育的反思，我越来越相信德国教育家和语言哲学家威廉姆·冯·洪堡的说法：教育是整体的，要改就得全改，要从上到下整体改革。

一、教育的问题与改革方向

我国教育问题的关键，我概括为两点：其一是基础教育阶段过度学习，孩子们得学太多的东西，十分疲惫和痛苦；其二是高等教育没有实现自由原则（"教的自由"和"学的自由"），也没有在自由原则基础上贯彻宽进严出的原则。

我们的基础教育很大程度上是为"应试"设计的，而不是为"人"设计的。这就值得探讨了。我们的小孩子们在身体发育阶段读了太多的书，而且这些书多半是为考试准备的教材，趣味是匮乏的。如今，不但小孩子们变成了考试机器，从事基础教育的老师们也成了考试机器。现在中学老师们可以用分数为每一个学生设计好前途，比如什么样成绩的学生应该怎样提高自己，各科分别需要考多少分、可以考多少分，哪些课得重点补，哪些课少补或不用补，要达到这些分数需要花多少时间补课，补这些课需要花多少钱，等等。可见在中学里，学生和老师一样都变成了考试机器。鉴于现在的家长们也普遍精于此道，尤其是社会上以谋利为目的的考试培训机构浩浩荡荡，所以整个环境也在一定程度上变成了一架考试机器。在这架巨大的考试机器面前，个体的反抗是十分无力的。有的小孩走上了"艺考"之路，本来也算是一种抵抗或者逃避的道路，但只要知道今年报考中国美术学院的考生有六七万人（而美院只招1000人），你就能理解，这条逃避之路有多么艰难困苦。

基础教育阶段的过度学习，早已成一大社会顽疾，成了民众普遍痛恨、但又无法摆脱的难题。不过搞笑的是，辛辛苦苦考上了大学之后，学生们却普遍不愿意读书了。不该读书、不该读太多书的时候不得不拼命读书，成年了，本该用功读书的时候却不想读了。这是不是特搞笑？这原因也是多样的，既与基础教育的严苛和过度有关，也与高校学风和社会风气相关，但根本上是因为高等教育没有贯彻自由原则和宽进严出的原则。自由原则与宽进严出原则，这听起来是相互矛盾的，其实不然。自由永远意味着责任，有了自由才可能唤起真正的责任感。大学里只有贯彻了自由原则，在制度上保障"教的自由"和"学的自由"，在操作上就是实行完全学分制（自由开课、自由选课、满学分毕业等），才可能形成对教师和学生的规范性要求，不合格的教师才可能退出，而学生们才可能自觉承担学习的责任和义务。

现在的情况却是：没有自由，也没有规范——自由与规范永远是联结在一起的。你只要进了大学，就很少有不毕业的。我自己就有过这样的经历。我当年（1980年）在浙江大学地质系读本科，因为不喜欢这个专业又不让我转专业，只好忍受漫长的四年煎熬，根本读不好，啥也没弄懂，但我只有最后一门课挂了，所以也拿到了毕业证书和学位证书。就地质学专业而言，老实说，我显然是一个"假学生"。而我这样一个"假学生"毕业后被分配到一所大学里教书，教《普通地质学》和《大地构造》什么的，不误人子弟才怪呢。我相信，我们的大学培养了不少像我这样的"假学生"，这真是令人悲哀。

在这方面，现在的大学生已经好一些了，开始有机会重新选择专业了，但也还没完全地放开，也还有不少不适当的限制，比如我所在的大学，向来是规定只有成绩好的学生（我们叫绩点高的学生）才有"转专业"的资格——这简直是一种浑蛋逻辑：你在某专业上成绩好，你就可以转学，去学别的专业了！我以为，事情应该倒过来，真正应该转专业的是学习成绩不好的学生！你在这里学不好，或是兴趣不合，或是志向有变，所以才要换个专业试试呀。

我曾经举过一个例子，你到饭店吃饭，饭店服务员说你可以点前面五个菜，后面的是不能点的，像话吗？大学生都是成年公民，进大学学习是要缴费的，学什么是他自己的权利，大学只能规范他所选的这个专业需要完成多少个学分，至于学什么专业、具体课程怎么组织，那是他的自由。但现在不给学生这个自由，这叫大学吗？在这个意义上，我说中国还没有严格意义上的大学，因为没有贯彻大学最基本的自由精神，这个自由就是教师自由开课、学生自由选课。今天我们教师讲什么也是被规定好了的，最近居然连研究生教学也要有固定教材了，离我们自由开课、自由教学的理想更远了。于是我们的大学成了缺乏知识创新的地方，一个什么都被制度规定好了的稳定的官僚机构，潜心问学者经常得不到公正待遇，教授们做了几年学问后就争着去当处长、校长助理、副校长什么的。这哪里有大学的样子？

因为没有自由的前提，所以我们也无法向学生提出规范性要求，宽进严出的原则也是不可能提出来的。前几年我曾经向我们学校提出一项建议：每门课程都要设不及格的比例，比如设为10%—15%，这就是说，如果一门课有100人选，必须最后有10—15人不合格。最后学校领导给我的回复是：那我们学校的毕业生毕业以后还有竞争力吗？大家可是都在比学生就业率哦。我只好无语了。——这再次表明教改是整体的事，光是你一家改，你就会被牺牲掉。当大家都在玩假的时候，你就不得不一起玩。

群众意见大，政府也明白，毕竟谁也不是傻子。于是各省市都在推行改革。但为什么改不了、改不好呢？为什么反而越改越乱，越改问题越多呢？原因也是多样的。其中最重要的原因有二：一是利益固化，二是目标不明。现有教育制度已经市场化，形成了一个巨大的产业链（你只要看看今天的上市公司学而思、实施军事化教学的衡水中学就明白了），这个链无论在哪里断了，都会有人心疼肉痛。据说现在上海高级一点的补课教师的年收入在百万以上，其中就有一位我们学院毕业的研究生。另外，改革目标不明，或者也有可能是不愿意明白。我认为教育改革的根本目标只有一个：使教育合乎人性，达到自由人性的培养。分开来讲，基础教育的改革方向是：以成长为中心的游戏式和体验式学习。而高等教育的改革目标是：自由地教与自由地学。失去了目标的改革只能是添乱，今天我们在全国各地都能看到这样的情况。

二、施泰纳的哲学

我心中的教育理想基本上是从威廉姆·冯·洪堡那儿接受来的自由教育理念。在这方面我写过一篇文章，曾经也想编译一本《洪堡教育思想文集》，而且已经组织翻译了，结果译完后，我对译文品质不甚满意，就一直搁置在电脑里了，至今未能出版。前段时间因为要在中国美术学院讲一次关于当代艺术大师约瑟夫·博伊斯（Joseph Beuys）的课，就去看一堆资料，才知道博伊斯的哲学基础竟然是鲁道夫·施泰纳的人智学，这让我很吃惊。我于是有机会间接地、艺术地了解了一点施泰纳的人智学及其教育哲学。我竟然发现，原来我关于自由教育的理念和主张，不光来自洪堡，也与施泰纳相合。

按我的初步理解，施泰纳"人智学"的核心思想是实存主义（存在主义）的，更准确地说，是实存主义加上神秘主义。实存主义（存在主义）大家都了解，神秘主义则比较容易让人误解，也让人害怕。实际上神秘主义没啥不好的，只要不走极端，不要弄成邪教就可以了。而且，对于现代—当代世界的生活来说，越来越缺失的正是神秘经验，越来越需要的正是神秘主义的神话体验，因为在启蒙理性和技术工业的支配下，人类生活主体越来越被透明化、逻辑化、计量化和程序化了，幽暗、神秘、趣味的成分越来越稀罕了。

施泰纳的哲学我还不敢多讲。根据德文版的《哲学历史辞典》，我看到施泰纳的人智学有如下几个重要的观点：1. 现实是人创造的；2. 精神实现于直观；3. 身心整体合一；4. 个体实存自由；5. 创造性的自我具有不断克服生死界限的边界经验；6. 人是世界过程的本源，人自由创造的过程也是嵌入世界的过程。① 这几个被我简化了的观点，大致是施泰纳人智学实存主义和神秘主义的基本主张，都是我愿意同情和采纳的。

就人的理解而言，其中的核心思想是个体的自由和创造性。施泰纳认为，每个个体都是一个自由的、有创造性的个体。施泰纳在《自由的哲学》中确认了自由作为人的本质属性："我们的生命是由自由的行动和不自由的行动组成的。但是，我们无法在不涉及作为对人类本性最纯粹塑造的自由灵者（Freie Geiste）的情形下，完整地思考人的概念。只有我们是自由的，我们才是真正的人。"②

我们知道，个体自由是各色实存主义/存在主义哲学的一个

---

① 根据《哲学历史辞典》的"人智学"条目概括。参看约阿基姆·里德主编. 哲学历史辞典（德文版）：第一卷 [M]. 巴塞尔/斯图加特，1971：379.
② 鲁道夫·施泰纳. 自由的哲学 [M]. 王俊，译. 宜兰：财团法人人智学教育基金会，2017：172.

共识，也是 20 世纪西方哲学最重大的进展。因为西方哲学和文化的主流传统一直是普遍主义或本质主义，尼采称之为"柏拉图主义"。普遍主义或本质主义作为一种制度设计，往往是压抑个体、扼杀个体自由的。尼采进一步说，柏拉图主义是否弃人世、追求"另一个世界"的，"两个世界"论是传统形而上学的基本特征。尼采主张返回感性生活世界，施泰纳也强调精神生活的直观性以及个体创造的世界嵌入，意图都是要拆除"两个世界"即超感性世界与感性世界的区隔和对立。就此而言，无论尼采还是施泰纳，都与主张"本质直观"的现象学处于相近的思想方向上。胡塞尔所谓的"本质直观"，以我的简单理解来说，就是：无中介地、直接地把握本质/观念。什么叫直观？"直观"就是直接看到，直接把握。本质世界或者观念领域不是一个我们需要艰难地通过中介（理论）和抽象（方法）才能通达的隔离的世界。施泰纳似乎没有说过"本质直观"之类的话，但他显然是懂现象学的，是有现象学倾向的。比如，施泰纳说："人必须能够以体验的方式使自身面对观念；否则他会被观念奴役。"[①]施泰纳这句话殊为深刻，我认为他这个意思与胡塞尔的"本质直观"是相合的，对他来说，可以叫"本质体验"。施泰纳的后半句话同样重要，他说：否则，人就会为观念所控制、所奴役。我们今天都是被观念奴役着的，我们脑子里充满了各种观念，正确的和不正确的，西方的和东方的，日常的和非日常的，科学的和

---

① 鲁道夫·施泰纳. 自由的哲学 [M]. 王俊, 译. 宜兰: 财团法人人智学教育基金会, 2017 : 279.

不科学的。我们已经不知道真实的生活在哪里，我们已经没有了生活的真实感受。施泰纳真正理解了这一点，所以他才说我们要以体验的方式直面观念。我们在生活世界里随时可以发动对本质的直观、对观念的体验，这正是胡塞尔的"本质直观"想告诉我们的，也是施泰纳"本质体验"的意思。这是施泰纳哲学里面最重要的一点，据此我们可以认为，他是一个具有现象学精神的哲学家。

三、艺术哲学的教育思想

时代情调变了，世界观变了，人性理解也变了。这时候，我们需要一种新的教育哲学。这种新的教育哲学应该具有现象学和实存哲学的基础，我现在想把它叫作"艺术哲学的教育理想"，这正是我这篇报告的标题：艺术地和哲学地教与学，才是好的教育。现在我相信，这也是从施泰纳的"人智学"引发出来的教育理想。

为什么好的教育首先是艺术教育呢？因为艺术能满足现代实存个体的全部规定性，比如个体性、自由性和创造性。在一个后本质主义—后普遍主义的时代里，自由的创造性个体难以通过以普遍主义为取向的传统哲学和以神性超越为目标的传统宗教来实现，而强调个体独立和自主创造的现代/当代艺术则更有用武之地。这也就不难解释：为什么在第二次世界大战以后传统哲学式微而当代艺术兴盛。所谓的艺术教育乃是个性教育、自由教育和创意教育。

艺术与教育的联姻在我们的时代具有特殊的意义。在传统文化类型衰败的形势下，艺术对于生活的重要性日益加强，艺术已成为我们时代的基本文化主题。我们看到，正是在施泰纳哲学的影响下，当代艺术真正的开创者约瑟夫·博伊斯形成了一个开放而自由的艺术概念，提出"人人都是艺术家""通感艺术"以及"社会雕塑"等当代艺术新理念。博伊斯这些想法实际上都是从施泰纳那儿得来的。昨天马丁老师在黑板上画图，博伊斯也是这样画图的，后者也是跟施泰纳学的。博伊斯严肃地认为，把人区分为艺术家与非艺术家，是完全没道理的，原是一种"异化"。你说你是艺术家，而我不是，凭什么呀？我的邻居是一个很优秀的芭蕾舞演员，很多跳舞的女孩子来找她，她们走路跟跳舞似的，确实比我们好看，但博伊斯说，我站在公交车上，晃悠晃悠的就不是跳舞吗？什么叫舞蹈？你芭蕾是舞蹈，我在公交车上晃悠就不是跳舞吗？只要有脚会走，人人都是舞者呀。

另外，把感觉仅限于视、听、嗅、味、触"五觉"，然后在此基础上区分视觉艺术、听觉艺术之类的，也是一大偏见。感觉是广大的、多样的，施泰纳说有12种感觉，昨天倪梁康教授说还不止12种呢，还要加上"道德感"什么的。不但感觉是多样的，而且各种感觉之间是相通的，好比说，我现在看着你们，而同时我也在听着你们，如果我听到你们在起劲地聊天，我的观看也就变了，受到干扰了，因而就会走样。所以才有"通感艺术"

的概念。至于"社会雕塑",博伊斯想说的是,如果艺术不能促进生活、改造社会、塑造社会,那么它有何用?正是基于这些前所未有的当代艺术的观念,博伊斯于1973年创办了开放式的"自由国际大学",开展他的自由的艺术教育实践。在博伊斯意义上,艺术本身就是一种教育形式,或者反过来也可以说,教育必然是艺术的。

我说的是艺术地和哲学地教与学。那么,为什么好的教育还应该是哲学教育呢?因为从历史上讲,教育关乎人性,每一种教育体系背后都有一个哲学意义上的人性理想,比如柏拉图的理想国,比如近代自由主义者的教育理想,比如洪堡基于古典主义完人理想的教育设计,比如施泰纳的实存主义教育思想,等等。所以,哲学之于教育是必然的。从根本上讲,教育的实施过程就是哲学的贯彻。

但这样说显然还是不够的。实际上我想说,每个人都是哲学家,正如人人都是艺术家。对于现代哲学来说,除了本质主义的哲学传统外,更出现了反本质主义的实存哲学(实存主义),后者其实是一种反哲学的哲学。但无论如何,实存哲学之为哲学,仍旧保持着哲思本来有的思想品质。这种一般意义上的哲学品质,以我之见,主要有三条:其一,哲学是大尺度的思考,哲学要讲道理,讲大道理,善于从宏观的立场把握问题;其二,哲学是彻底的思考,把事情想到底,想到极端处,才可能取得"中度"和"中道"的判断和策略;其三,哲学是富有高度想象力的思考,这是由前面两点决定的,哲学的思考指向可能性,而不是局限于现实性,可能性高于现实性,比现实性更丰富,你要想得彻底就必须有高度的想象力。①这三条并不与我们前面讲的实存者的个体性、自由性和创造性相冲突,反倒是高度合拍的。

于是我们便可以理解,何以在20世纪的人类文化进程中逐步发生了"艺术哲学化"与"哲学艺术化"的双向重构过程。除了英美的分析哲学和科学哲学,20世纪具有人文倾向的哲学思潮和哲学家多半是艺术化(美学化、诗化和文学化)的;而博伊斯之后的当代艺术的主要趋向则是哲学化(观念化和理论化)。艺术与哲学在传统时代是两大冤家,现在格局大变。当代教育必须面对这种新文化格局和形势。

说白了,一种好的教育不但要有从个体出发的、自由的和有创造性的个性塑造,而且要有讲道理的、彻底的、指向可能性的实存智慧的培育。为此我们需要重审一种以现象学和实存哲学/存在主义为基础的教育理念,我们可以称之为"艺术哲学的教育理想"。最后让我重复一下:艺术地和哲学地教与学,才是好的教育——我想象、我希望,华德福教育就是这样一种教育。

---

① 这是我在上海七宝中学的哲学演讲中表达的意思,参看拙著:孙周兴. 一只革命的手[M]. 北京:商务印书馆,2017:342.

第二章

天下情怀

Chapter 2

大学要有天下情怀①

各位同学，上午好！很高兴参加今天的全校研究生迎新大会。今天也是教师节，我能以一个导师的身份在这里跟大家讲话，感到很幸运，我估计我是在同济大学研究生迎新大会上致辞的第一个文科导师。在座不少理工科的同学恐怕还不知道我们学校已经有文科了。但我们真的已经有了，同济大学实际上已经是一所综合性大学了，这是好事，是最近十几年来同济大学最大的变化之一。当然，文科在我校占的比重还比较小，所以在现阶段，我们应该把同济描述为"以工科为主的综合性大学"。

各位现在已经成为"同济大学研究生"了。所以我想，今天我就来讲点简单的，讲讲"同济""大学"和"研究生"三项。什么是同济？什么是大学？什么是研究生？问题特别简单，相信

---

① 本文系作者于2014年9月10日上午在同济大学研究生迎新大会上的讲话，根据录音整理和加工而成。

各位都知道一点，但恐怕未必深入。

一、什么是"同济"？

从今天起，各位身上都被烙上了"同济"两个字，所以怎么理解"同济"，也是各位的责任之一，是各位进校后要做的第一件事，也是以后经常要思考的事。我个人本来在浙江大学工作，十二年前来到同济，也算是老同济人了，对同济这个学校已经有了深厚的感情，所以也希望利用这个机会，跟大家交流一下"同济精神"。

同济大学是中国少数几所不以地名命名、而以一种精神气质命名的大学。这一点很重要。这也是"同济"吸引我的地方。现在有人喜欢叫"上海同济大学"，仿佛这世界上还有别的同济大学似的。市场上到处有"同济装修"之类的，十分不好听，但仿佛跟真的"同济"没啥关系。"同济"两个字是怎么来的？记得2007年百年校庆时有位领导人物来访问，告诉我们"同济"两个字是从《山海经》来的，弄得全校师生都很吃惊，因为我们全都不知道这个来源呀。我估计是这位领导的秘书在准备材料时出了一点情况。

我们校内比较赞同的说法是："同济"与德国和德语相关。同济大学的前身是德国人办的德文医学堂，当年德国人还在青岛办了一个大学，叫"德华大学"，以工科为主，但没几年就关门了，师生也被合并到上海同济来了。"同济"这个名字，据说取的就是"德语"的谐音，用上海话念，德语 Deutsch 差不多就是"同济"。我觉得这个解释比较靠谱。

今年上半年我们学校公布了《同济大学章程》，把同济校训设为"同舟共济"。开始讨论章程时，我对此表达了反对意见。"同舟共济"的意思是希望大家要团结，好好干活不要吵架，这个当然也重要，但显然不是大学核心的精神。我当时建议把校训设为"同济天下"，表明同济人遍布天下，同济人以天下为怀，以天下为己任。这多好？这几年我们学校一直在讲"可持续发展"理念，实际上与"天下"的概念是完全相通的。人跟一般动物不一样，人是有"类"的意识的，而我们这个"类"作为一个物种，如今正面临着生死存亡的危险。这时候，我们同济人就要有点使命感了。

总之，我认为"同济"的精神内涵有两条：一是"同舟共济"，二是"同济天下"。我个人更强调后者。"同济天下"，济人济事济天下，是全部学问的根本追求，也是我校的精神境界。相信迟早有一天，我们能以"同济天下"为校训。

二、什么是大学?

说实话现在社会风气不够好，功利主义畅行，商业之风大盛。无论在管理还是学风方面，我们的大学都是大有欠缺的。现代大学的开创者威廉姆·冯·洪堡对大学有三个规定或者说三项要求,是我特别赞赏的。这里不妨简单说说。

首先,研究与教学的统一,这是现代大学的基本原则。大学是自由研究的场所,大学里师生们开展的是自由的研究以及以研究为基础的教学活动。

其次,洪堡认为大学得有两个基本品质或基本要素:一是"自由",二是"寂寞"。"自由"比较好理解,它既包括大学的独立自主性,也包括刚才裴校长讲的怀疑和批判精神。进一步,大学的自由研究和教学需要宁静的氛围和寂寞/孤独/专心(Einsamkeit)的心态。若没有这两条,大学就没有实现自己的本质,就会成为鸡飞狗跳之地,难言学术。自由是想象力和创造的前提,而寂寞/专心是创造的必要条件。虽然这个时代纷乱不堪,但我们同学们还是要调整好心态,要学会掌控自己,至少在各位在学期间,我希望大家能够专心问学,顺利完成学业,在学术上有所创造。

再次,大学教育的目标是培养"完人"。洪堡这个想法很伟大,是作为一个"理想"提出来的。若要说具体点,洪堡也说了,大学要教给学生们一种自由地选择和改变自己职业的能力。这一点很重要,我完全赞同。我们会发现,好大学的毕业生不一定从事本专业的职业,而不太好的大学的毕业生多半都在从事本专业的职业。道理很简单,好大学"授人以渔"而不是"授人以鱼"。

三、什么是"研究生"？

在座各位都是硕士生和博士生，我于是在想什么叫"硕"、什么叫"博"。恐怕各位硕士生和博士生未必都知道，各位只知道"硕士"和"博士"是两个学位名称，没有更多的了。其实我们古人已经有良好的解释。《说文解字》里讲"硕，头大也"，就是脑袋很大，有智慧。"硕士"是指知识渊博者、贤德之人、有学问的人。"博"呢，本义也是"多、广、大"。《说文解字》里的解释是"博，大通也"，可见不但"头大"，而且已经"通"了。中国古代所谓的"博士"是指"战国至明清掌管图书，通晓古今，以备顾问的高级学官"。这个可以不说。总之，无论是"硕"还是"博"，都有一个基本含义，就是"广、大"。

然而现在我们看到的情况却是：硕士不"硕"，博士不"博"，可谓名不副实。这当然有我们教育制度的原因，我们在中学里就已经被分了文理，到大学里被分了专业，到硕士研究生阶段则被分了方向，到博士研究生阶段则被限于课题。哪里还有"博学"可言？哪里还有"头大"之人？我们一个个都成了专业机器。

在这方面，我真心愿意建议各位：要专门，更要博学。因为专门化的前提是博学，因为人不光是为专业技能活着的，更是要追求丰富的有创造力的生活的。既专又博，是一个当代学者的最高学术境界。

好了，我讲得够多了。最后是祝愿。我刚刚在路上估算了一下，我们的硕士研究生们大概要在同济待 700 天，博士研究生们大概要在同济待 1200 天（以四年计）。实在不算太多，但对各位来说极为重要。我祝愿大家从今天起，在同济的每一天都是快乐的、有意义的。谢谢大家。

大学教改的几个原则[①]

校研究生院这回推出所谓的"星空计划",并且具体落实在培养方案的修订上,我认为是一件好事,表明大家已经形成了自觉的改革意识。会议文件里提出这项工作的三个重点(三个关键词),就是培养目标、课程设置和交叉贯通,这是讲道理和务实的想法。其实培养目标的设定,背后的核心工作是学科定位问题。这次我院哲学学科各个专业的培养方案受到了表扬,实际上我们做得也比较粗糙,或者可能是说得好做得差,或者也表明其他许多学科点的方案做得实在差了一些。

记得去年修订培养方案时,我们学院是十分认真的,首先是向各学科点提出了集中而稳定的定位要求。我院进展较快的外国哲学专业,2003年设硕士点,2005年设博士点,2007年成为市

---

① 本文系作者于2012年12月14日下午在学校"星空计划——同济大学研究生教改会议"上的即兴讲话,事后补充成文。

重点学科,已经快满十年了,该学科点研究方向的设置从来没有变过,一直都是"德国哲学""法国哲学"和"政治哲学"三大方向。这是个好的例子。相反的例子是,我们中文系有一个比较弱的二级学科,一共两三个副教授,以前竟然设了六个研究方向(招生方向)。很明显,这样的学科是不可能做好、做强的,因为它不知道自己到底要做什么。所以,上次修订二级学科点培养方案时,我们首先控制研究方向(接近于三级学科),比较有实力和优势的二级学科点最多可设三个方向,一般学科只允许设两个方向,硕士点和博士点都是如此要求的。我院有一个一级学科博士,两个一级学科硕士点,现在招生的二级学科点有十个,如果每个点设五六个方向,如何得了?即便按我们现在比较节制的做法,也已经设置了22个研究方向,实在够了——我们一共才70位老师呀。

按照我的理解,学科定位的要点只有两个:一是凝聚力量,二是体现特色。我想在上一次培养方案修订的过程中,我们的工作已经很好地体现了这两点。有了定位,接着做课程体系的设置就不是什么难事了。当然还有个同样重要的环节是表达,要把我们的学科定位表达好,把课程体系设计好。我们的做法是:先让各学科自己做,然后汇总到院务委员会,由我来统改,修改后再交由学院教授委员会审查。事就成了。

在今天这个场合,我不想具体介绍我院学科设置的细节,而是要来跟各位探讨一下大学教改的原则问题。因为我觉得,研究生院在这次会议的文件里提出的一些建议和设想，多半是半拉子的修补，还没有彻底的改革措施。但我们的大学教育已经到了必须彻底改革的地步。而如果真要彻底改革，我们要遵循哪些原则呢？我想提出三个原则，即整体原则、差异原则和自由原则，跟在座各位商讨。

（一）**整体原则**。我们或者也可以把它叫作统一原则。大学教学是个整体，这不但指全校各学科、专业组成一个教学整体，也是指主要由本科生、硕士研究生、博士研究生三个层级组成的整体。这个不难理解，但在具体做法上，却是问题多多。比如，学校这两年根据教育部的指示，力推"卓越工程师计划"，我认为这就是一个不当的计划，没有遵循大学教学的整体原则。把工程教学改革一下，那么，理科、医科、文科教学怎么办？再说，难道工程教学不需要理科、文科方面的支持吗？这方面的内容如何改？公共课要不要改、怎么改？在纵向上，本科工程教学改变了，硕士生和博士生教学怎么办？这些都会成为问题。

推动这项计划，恐怕还有一个导向方面的问题，给人的感觉是仿佛我们学校要放弃建设综合性大学的目标了。还有，中国社会最近一些年的发展越来越表明工程师时代结束了，而我们却"逆流而动"，再大张旗鼓地推动"卓越工程师计划"，实在让人无语了。这样做只能表明我校办学志向不高。工程技术类专业的教学改革当然要大力推进，对我校来说尤其具有重要的意义，但我认为，这种改革必须纳入学校整体教改方案的框架内，而不是把它当作一个独立旗帜来张扬。

（二）差异原则。我校学科已经涵盖九大门类，可谓千差万别了。一级学科超过 50 个（有硕士学位授权的一级学科 52 个），二级学科超过 300 个（有硕士学位授权的二级学科 303 个）。这时候我们必须提出差异性原则了。这个原则也是说来容易做来难。说起来，谁都知道文、理、工、医、艺是不一样的，要区别对待、分类管理。但具体做起来，总归难免简单化，或者不知道在政策上如何具体地区别不同门类的学科。这方面的关键是要有效地区分长线专业与应用类专业，长线专业是人类基础科学，是人类知识的精华，经常"钱途"堪忧，少被人看上，主要指文科中的文、史、哲，理科中的数、理、化、天、地、生。我要说的是，这些学科若不加以保护性发展，则大学就将丧失学术的尊严。应该强调指出，一个综合性大学至少得把文、史、哲、数、理、化、天、地、生九科中的半数以上做成优势学科，否则就会名不副实，难免落后和失败的命运。

具体点讲，我校现在许多政策就没有遵循这里讲的差异原则。比如，我院属于最晚建设的专业，涉及四个门类（哲学、文学、史学、管理学），现有教师仅 70 人左右。但我们早就被告知"超编"了。为什么会这样？因为学校有关部门是按照工科专业的业绩考核方式来要求我们的。然而，举例说来，建筑学年招 500 名学生，而哲学年招 25 名学生，是不是哲学只需要建筑学的二十分之一的师资量呢？是不是建筑学需要 200 个教师，而哲学只需要 10 个教师呢？——我们现在的逻辑恐怕就是这样的。

再就是博士、硕士招生由导师交费的制度，对于工科是可以理解的，对于理科好像也能成立，但对于人文学科来说简直是荒唐透顶。人文写作是强调个性化的，招进来的学生不可能帮导师做课题，也不可能与导师合作写论文（要写的话就是学术腐败了！），在这种情况下，让人文学科的导师们交钱招生显然是极其不合理的，但我们竟然一直不予纠正。

另外是导师制和转专业制度。在硕士阶段，许多研究生还不知道或者还不太明确自己的研究课题，但我校研究生是在通过面试后当即确定导师的。我认为在这方面也要做个区分。理工类的专业，因为学生进校以后要落实到课题组里开展专门研究，可以按照原先的规定来办；但至少在人文社会科学内，我们应该取消通过面试后就决定导师的规定，而改成在研究生开题报告后按照课题进行师生双向选择（我指的是硕士研究生）。同时，由于长线专业（基础学科）的研究生需要较长时间的知识准备才能进入课题研究，故应该允许研究生在一年级内转专业。

再就是研究生毕业发表论文的要求，我认为也得有个差异化的做法。如上所述，长线专业（基础学科）因为知识积累期长久，硕士研究生进入学科前沿的难度极大；而应用性的学科则比较容易完成合作性的课题成果。因此我愿意建议，取消硕士毕业生发表论文的要求规定（当然要鼓励发表论文）；至少是应该取消长线专业（基础学科）硕士研究生发表论文的硬性规定。拿文科硕士生来说，在目前的规定下，他们只好在一些收费的垃圾杂志上交钱发表多半也同样属于垃圾的论文，而且据说这些垃圾杂志的收费标准又提高了，已经变成一个普遍的骗局。论文变成产业，也是有制度性原因的。

（三）**自由原则**。简单地说，就是要实现教与学的自由。这是大学教育的核心原则，其实中国大学的问题都可以归结于没有贯彻和实现这个原则。具体到学生一边，首先是要给各级学生选择专业的自由，其次是要给学生们尽可能自主地组织学习内容的自由。最近我校心理治疗专家做了一个调查，竟发现我校超过 60% 的本科生不喜欢自己的专业。这个比例实在大大出乎我的意料。我想原因很复杂，许多高中生心智未完全成熟，又受到家庭和社会的误导，并不知道自己真正想学什么，进了大学之后发现自己并不喜欢这个专业。不喜欢就学不好，但学不好又难有机会转专业（我们现在的转专业规定是不合逻辑的，是成绩好的可以转专业，成绩不好的没资格转，其实应该是成绩不好的转专业）。大部分学生不喜欢学还得学下去，一定会痛苦，部分同学就会因痛苦而出现精神或心理方面的问题。研究生的情况如何？我觉得至少就硕士阶段来说，还有专业变动的需要和问题。我的建议是：除了对少数热门专业设立转专业的名额限制外，其他专业都应该彻底放开，由学生自由选择；建议本科二年级前、硕士一年级内享有自由改变专业的权利。这方面研究生院已有考虑，说要试点，我看就不要试点了，直接推出就是。博士研究生的情况稍有不同，原则上不应该允许转专业，但也可以有特例。

另外就是学习内容方面的自由选择。我们现在的状况是，学生一入学，都有一个固定的学习菜单，不可更改。就好比进了饭店，你被告知只能吃这几道菜，其他的不能吃。本科生、硕士生和博士生莫不如此。最近我院聘请的一位中国台湾的教授想在下学期给研究生开一门课,但课名不在电脑菜单上,不让开,他很是生气,来责问我,说:"这还像个大学吗?"确实,这种野蛮的情况已经非改不可了。怎么个改法?改良的办法是放大菜单以便增加学生的选择。彻底改革的办法则是:1. 不规定课程名称,而只设定课程层次,如可分讲座课、初级讨论班、中级讨论班、高级研讨班;2. 只设定学分量要求,包括规定修习本专业的学分量、一级学科课程的学分量和跨学科课程的学分量。如果按照这个做法,那么本、硕、博打通之类的问题自然也就不存在了。

不规定课程名而只设定课程层次的做法也是"教的自由"的体现。大学教师作为研究者要不断推进自己的研究,同时开出学术内容不断更新的课程,则中国大学里教师一辈子只要上一两门课的状况就会消失。此外,此举还可能淘汰掉不合格的师资,学校可以规定教师开课的最低选课学生数(常规为3人),进而可规定如若两个或顶多四个学期都没有足够的学生选某位教师的课,则建议其退出现任岗位(恐怕相关老师也不好意思待在这个岗位上了)。这时候,大学才算上路了。

上面只谈原则,但其中的议论已经涉及大学教改的一些具体建议。就研究生教学而言,我愿意重申几个具体建议:

1. 至少在文理基础学科内,取消面试通过后就决定导师的规定,而改成在研究生开题报告后按照课题由师生双向选择;

2. 取消文理基础学科研究生招生要求导师交费的规定;

3. 至少在文理基础学科内，允许研究生在一年级内转专业；

4. 给予导师开课和研究生选课的自由，取消硕博研究生培养方案中的课程内容设置，而改成最低学分要求（内含本专业课程学分、一级学科课程学分和跨学科课程学分）；

5. 取消要求硕士毕业生发表论文的规定（当然可鼓励发表论文）。

最后我还想来强调一遍：由九大门类和本、硕、博三级组成的大学教学是一个整体，研究生教学改革不可能独立进行；学科整体内部又有诸多差异性，要遵循学科各自的特性和规律；而教学改革的目标是要达到"教的自由"（教师）和"学的自由"（学生）。这就是我上面讲的整体原则、差异原则和自由原则。

2012年12月17日记于香港沙田

人事的核心是保证个人自由①

一、我院人才队伍的建设

到今天为止,从本科专业的设置时间来看,我们人文学院仍然属于同济大学最迟发展的学院和学科,因为我院的哲学(2004年)和文化产业管理(2007年)好像属于我校最后申报和设置的专业。所以,即便在我校"第三世界"学院中,我院也属于迟发的或欠发展的——说好听点,则是新生的力量。可气的是,我院在刚设立的那一年(2006年),就被告知已经"超编"了,现在则更加"超编"了(今年居然超了17人)——这就好比说,我刚生下来就老得不行了。仅凭此点,即可看出我校在治

---

① 2013年1月12日记于沪上同济。本文系作者于2013年1月21—22日在同济大学寒假务虚会上所做的工作汇报;1月15日以"关于人文学院人事管理工作的若干思考"为题在全院教师大会上预报告一次。

理方面是相当笨拙的，是有待改进的。

今天且不说这个，而要说说人才。办学要有人，这差不多是废话。但人事复杂，有些废话还得经常说。按说中国什么都可能缺，最不缺的就是人，哪怕是"人才"，以中国之大，会缺吗？再说了，即便国内缺，国外总会有吧？在上海高校中，据说我们同济大学规模最大，人最多，但好像是"人多而势不众"，可见同济要的人不够优秀，人事工作不是太成功。我只了解哲学界的情况，比如与国内最好的哲学系相比较，差别恐怕就在于：他们教师队伍人数多，而且其中多半是比较优秀的人才，取个比例是70%左右，而我们哲学系呢，可能只能取到40%的光景。这就是差距所在了。

我院于2006年组建，底子是原文法学院社会科学系（后来在此基础上成立哲学与社会学系）和中文系（原为文化艺术系）的师资。因为当时没有学科点，其他条件也不好，所以这个师资是不可能强大的。倒是哲学专业要稍好些，因为原社会科学系的"两课"师资后来分离出去了，哲学系的师资差不多完全是新配置的，可以有比较高的要求，所以在人文学院组建之前（2006年前）就已经聚集了一些人物。但建院以后，连续好几年，我院经济困难，创收乏力，学校支持力度不够，要吸引优秀的人才加盟，基本上是不可能的事，所以，除了少量的补充师资之外，我们有好几年时间没有引进人才了。道理很是简单：如果同济文科既没有好的学科条件，又没有哪怕领先一点点的待遇，那么，好的文科教授为何要到你同济来？有鉴于此，在2011年前的几年，我院在引进人才这项工作上是无所作为的。所幸在这般艰苦的条件下，我院也没有流失既有的人才，建院以后六年多，只调走了三人（两名教授，一名讲师），一位是出于年龄的原因，其他两位则是出于某种不便明言的原因。

2011年，我院哲学学科获一级学科博士点授权资格；2012年，在各方支持下，我院人文发展基金得以扩大；同年，我院被列入上海市一流学科建设计划（B类），并获批哲学博士后流动站。到这时候，我院就有了进一步发展壮大的前提了，于是，我们重启引进人才的工作，近年来已引进了一批教授，有林安梧教授（台湾）、郭世佑教授（北京）、曾亦教授（上海）、谢志斌教授（上海）等，正在办理调动的有张文江教授（上海）、孙长初教授（南京）、王静教授（重庆）等，另外还补充了五六位新毕业的博士或新出站的博士后，使我院师资队伍有了明显的加强。

二、人事制度如何贯彻保证个人自由

所谓大学学院的行政，我理解的最主要的事体就是"人事"。"物事"当然也有些，但量不大，也没有"人事"重要，况且可以说，"物事"的大部分也是随"人事"而开展的。尤其是对于文科的系科来说，"人事"显然更为复杂，弄不好就会无比复杂。想当年在老的文法学院，学校领导最头疼的事就是收到大量匿名信，每年向上递交或者四处散发的匿名信，是可以装订成册的。正经论著不多，署名"中文系全体教师"或者"文法学院全体共产党员"的匿名信倒是层出不穷，实在令人悲哀。究其原因，一是文科的同志们心思复杂，比理工科的同志们要复杂得多，仿佛是天生的，不好改；二是学科没做好，学术风气不盛，只好搞搞小动作，整整可以整的人；三是管理制度不好，大家待在里面不爽不快。

值得欣慰的是，我院成立六年多以来，人事方面可谓干净利落、积极向上。有以下事实可资证明：

1. 六年来在十分艰苦的学科和经济条件下，本院除了上述出于特殊原因调离者，再无主动调走的，中青年学者无一人流失；

2. 六年来每次评定职称，无人直接向本院长疏通关系（仅有一人通过间接关系打了招呼），也只发生了一例落选者申诉的情况；

3. 六年来本院未发生乱写匿名信的情况，似乎也未发生署名投诉的情况。这是前所未有的事情。

我院人事工作方面的良好局面从何而来？有人说是因为本人院长当得好。我得承认有这个因素，但这种说法显然并不周全。比较周全的说法是：本人努力推行的民主制度好。民主制度说简单了就是一个讨论/商讨的制度，凡事都得拿到桌面上来讨论一下，经过商讨而形成的基本民意是必须被优先考虑并且受到尊重的。它只是相对公正的制度模式，不可能是绝对公正的，而且效率较差。我对于民主制度还有另一重解释：它是一种让受伤害者说不出来话的制度。这正是它残忍的地方。好比说，我们三个人都申请教授职位，通过民主程序你们两人当上了而我没机会，我当然是受到了某种"伤害"，但因为我服从民主制度（我通过投票的方式已经转让了部分权力），我得尊重多数人的意见，而且已经表示同意这个相对公正、但不可能绝对公正的游戏规则，所以，我虽然受了伤害却又无法表达抗议，只好回家自己发牢骚了。

无论如何，民主制度要以保证个人的最大限度的自由为目标。落实到人事工作上，我认为，人事的核心就是保证个人自由。这一点在我院人事及管理体系中得到了较好的体现，具体怎么体现的？下面容我讲三点。

其一，尊重个人自由，允许人才流动。前面已经讲了，特别是我院哲学学科，属于新组建的，在2003—2004年以及最近一段时间，引进了不少人物，眼下人数已达到31人，不少人才是从外面"挖"来的。你可以挖人家的人，就不许人家来挖你的人？或者，只许人才流到你这边来，就不许你这边的人才自由流动到别处去吗？逻辑上不通嘛！因此，本院坚持尊重个人选择、允许人才自由流动的原则。改革开放30多年了，中国社会取得的最大进步是什么？是个人自由度的增加。有的同志自己到处"流动"，经常"跳槽"，但自己手上有点权力后，却恶狠狠地限制别人，不让别人自由选择，我认为这些同志的心态还停留在改革开放之前，也有可能属于良心大大地坏了的一类。

我院也曾有几位同志故意放出风声来，说要调走了云云，意思是需要我们以某种方式安慰安慰她/他。我们的做法是不予理睐，因为我们认为，调动、流动的事纯属于个人事务，是个人自由。这样一来，反而没有人真正调离。本院真诚地认为，每个人都有追求更美好生活的权利，阻碍或者剥夺他人的这个权利，说轻点是伤害人，说严重点就是反人性之举。如果你觉得去别处会有更美好的生活，那么，我作为一个个人或者我院作为一个组织有什么权力限制你呢？万一你去了以后心情愉快，创造力大增，做出更伟大的成就来，那不是好事吗？对你、对国家甚至对人类不都是大好事吗？

其二，提倡学术自由，实行教授治学。自由是需要制度来保障的。这一点十分重要，如果没有制度保障，则自由的主张势必沦于空洞。我院人事为何清明？关键在于制度保障。我院目前实际上只有三个班子在运作：1. 院务委员会（由院行政和院党委组成，院长任主任）；2. 教授委员会（由全体教授无候选人民主选举产生，每年一选）；3. 院理事会（由赞助本院的企业家、社会知名人士和我院部分兼职教授组成）。

上列三个"班子"间的相互关系十分明晰。1. 院务委员会或院长要对教授委员会和院理事会负责，包括学科规划、学院发展、引进人才等重要事项，也包括年度预算、经费开支细目等，均需向教授委员会和理事会报告并得到审批。2. 院教授委员会是学院决策机构，每年春季学期开学第一天由全体教授民主选举产生，应该集中了本院最好的教授。这个委员会代替了学校目前设置的所有其他委员会，所以比较忙，每月得开两三次会，且完全是义务的——谁让你当教授的呢？这个委员会是本院学术民主和公正的体现和保证,有监督、决策、仲裁等多项功能。3. 院理事会是本院的"外部"机构,每年只开一次会(不包括网上讨论),是在每年校庆期间开会。这个委员会的作用在于:原则上可向学校当局建议院长人选;每年审查院长工作报告,对学院事业发展有咨询和建议权;监控本院人文教育发展基金的运作,审查学院年度财务预算和财务开支情况等。

这是一项稳重而有创意的制度设计,它既照顾到了国内高校的现状,又有制度面上的创造性突破。其实呢,除上述三个组织之外,还应该有一个"教师代表大会",我们学院没有设这个,而是把它简化,换成"全体教师大会",是现成的,只在行政换届(每四年)时才发挥作用,就是用来选举院长、副院长的——院长是在全体适龄的教授当中无候选人民主选举产生的,副院长则是在全体适龄的教授和副教授当中无候选人民主选举产生的。

其三,推行人性化管理,采取低限考核要求。 我院现有77名教职工,加上本科、硕士、博士生,接近700人,说来也不是个小单位了。凡组织都得有管理,要通过上列机构和机制形成一些规则和要求。一开始本院全面放开,以至于到了放任的地步,无论科研还是教学,根本没有考核要求。因为当时我们做了一个现在看来未必正确的假定:假定每个教师都是自觉的,是愿意为中国的教育事业和人类文化事业做出贡献的。结果呢,一些教师,特别是青年教师,就少上课、不上课,学术研究上也不思进取。当时年终统计工作量,都是几位老教授位列前茅,我只好称之为"啃老骨头"现象。这时候我们意识到,事情不能这样继续下去了，自由也是有限度的，必须有制度性的约束。

我们首先制定了教师最低教学工作量规定，简称"4—5—6"规定，即教授每周至少须上 4 节课，副教授每周至少要上 5 节课，讲师每周至少要上 6 节课，若未达到这个最低要求，就按比例在岗位津贴里扣除。在教授委员会讨论这个规定时，也有的同志提出要有更高的要求，比如讲师每周至少得上 10 节课之类的，但最终未获通过。大多数同志认为，研究型大学的教学工作量不能定得太高，而且提最低要求可以体现我们倡导的自由原则。上述规定实行后，效果很好。

到这时候，我院还没有提出教师科研工作量的考核要求。教授委员会的主流意见认为，大学是研究的场所，而研究是自由的，是不能完全量化的。大家对国内越来越盛行的量化考核体系有反感和抵触，是完全对头的。但到 2011 年，经过反复酝酿，我们还是形成了一个最低科研工作量的考核要求，即教授每年至少发表 3 篇论文（著作、编著、译作均可折算），副教授每年至少发表 2 篇论文，讲师每年至少发表 1 篇论文。我在全院教师大会上的说法是：讲师每天至少得写 30 个字，副教授每天至少得写 60 个字，教授每天至少要写 90 个字——因为文科论文的篇幅多半在一万字（汉字）左右。

在上述两项低限规定的基础上，我院进一步构造了一个十分简单和人性化的年度绩效考核体系，经教授委员会讨论通过后在我院实施。这个考核体系的要点是：取教职工两个月的岗位津贴用于考核，分五个层级（A 岗教授、B 岗教授、C 岗副教授、D

岗副教授和 E 岗讲师，办公人员除外）考核，计算出每个层级的平均教学工作量和平均科研工作量，凡高于平均值的教师给予奖励，凡低于平均值的教师则给予处罚。2012 年度各级岗位的教学和科研平均量如下：

教职工层级	平均教学工作量（课时）	平均科研工作量（折合 CSSCI 论文篇数）
A 岗教授	353.7	5.82 篇
B 岗教授	310.0	2.13 篇
C 岗副教授	248.5	4.525 篇
D 岗副教授	264.6	1.85 篇
E 岗讲师	236.4	1.28 篇

2012 年度绩效考核结果很直观地说明了我院教学和科研状况：其一，A 岗教授（我院共 7 人，均为国内知名学者，但不含 3 位校特聘教授）是我院教学和科研的主力军，教学和科研两项均处于领先地位；其二，副教授中的第一档即 C 岗副教授，全院共 10 人，他们的科研量超过了 B 岗教授，表明我们对此岗位的设置是完全有道理的，他们是我院教师中最有活力的一个层级；其三，总的来说，科研和教学并重的教师最占优势，但各层级也都出现了教学大户或科研大户，可以相互抵充，或以教学抵科研，或以科研抵教学。

2012 年的考核结果表明，这个绩效考核体系相对而言不繁复，也体现了多劳多得的基本原则。拿 A 岗教授来说，业绩最好的一位教授得到奖励约 9000 元，业绩最差的被罚约 11000 元。这个考核体系基本上包含了上面提到的教学和科研最低工作量的规定。凡达到上述两项要求的教师，基本上也就达到了平均值。另外，这个考核体系强调分类考核，既对不同层级的教师提出不同要求，也照顾到了教师们的差异化特点，比如有的老师科研能力较差，那就多上课，以教学来弥补科研，反之亦然。这个考核体系还可以通过系数来增减奖罚量，因此也比较有弹性。我们将在实践中不断完善这个体系。

三、结语

上面主要讨论了我院的人事制度。"制度"这个词，按我的理解就是"制造尺度"，是制"度"。为人事制"度"并非易事，既需要宏大的想象和积极的创意，又需要审慎的设计和细微的论证。但无论如何，我愿意在此再次强调的是，人事制度的核心是最大限度地保证个人的自由。在这方面，本院已经做了试验，也体会到了制"度"工作的烦琐和艰难，但我们愿意继续努力，改进和完善我们的制度和游戏规则。

教授治学机制与学院民主管理①

为保证学院学科建设、人才工作、教学科研工作的顺利开展，推进决策科学化、管理民主化，我院自 2006 年成立以来推行教授委员会制度，形成了适合学院实际的教授治学机制。六年来的实践探索表明，教授委员会制度是一项适合高校民主办学的有效机制，值得坚持和推广。

一、我院教授委员会的制度设计和运作模式

2006 年建院伊始，人文学院就开始探索建立适合我院实际的教授治学决策机制。经教授们反复讨论，并得到全院教师同意

---

① 2012 年 3 月应校方要求，总结我院教授委员会的运作模式及经验。我的同事刘日明教授起草了初稿，后由我修改。

后，学院制定了《同济大学人文学院教授委员会章程》（以下简称《章程》)。《章程》对教授委员会的性质、职权范围、人员构成及工作规则等做了明确的规定。

《章程》规定院教授委员会为我院最高决策机构，并代表了按学校规定应设立的学术委员会、学位委员会、职称委员会、教学委员会、考评委员会等机构。学院教授委员会成立的目的是尊重并发挥教授的治学功能，保证重大问题决策中的科学性、公开性和公平性，避免学院重大问题仅仅由学院领导个人决定、不透明操作的做法，营造学院民主、团结、和谐的氛围。

《章程》规定院教授委员会的职权范围是：凡涉及学院的学科、学位、职称、人事以及其他重大事项和问题，均应交由教授委员会讨论决定；教授委员会对学院行政（院长及院务委员会）具有协助与监督之双重作用；教授委员会形成的决定，在院内以教授委员会名义发布，在合适的情况下，对外可以我院名义发布。

关于教授委员会的人员构成，《章程》规定：根据学校通则和惯例，我院教授委员会一般由11人组成（若有需要，可增补为13人），在我院在职教授中产生；凡我院在职教授（或相应的其他职称）均为教授委员会之当然候选人；考虑到国情和校情，我院院长和书记为教授委员会之当然委员；其他9名委员由我院全体教授无候选人投票产生；教授委员会委员任期为1年，每年春季学期开学第一天为教授委员会换届时间；在任期内，如有需要或特殊情况，经院长推荐或教授委员会主任提名，由教授委员会表决，可替换或增补成员;教授委员会设主任 1 名，副主任 1—2 名，主任和副主任均由教授委员会选举产生，我院院长和书记不能担任教授委员会主任和副主任职务;教授委员会设秘书 1 名。

教授委员会开展工作的具体规则为：由院长提议，教授委员会主任召集，可召开教授委员会会议，如主任因故不能召集，亦可由副主任召集；教授委员会的决定以记名投票方式产生，不记名的投票属无效，如采用其他方式，应由主任提议，且与会委员无异议；全体委员过半数出席，则本次会议有效，出席委员过三分之二赞同，则所议决定通过；凡涉及教授委员会某个成员的事项讨论时，必须实行回避原则；教授委员会会议须有详细的会议记录，会后要对有关决定结果进行公示，并在学院范围内发布教授委员会的公告；教师本人如果对教授委员会的讨论和评定结果不服，可以申请复议一次。

二、教授委员会在学院科学决策和民主管理中的主要作用

我院六年来的实践探索表明，教授委员会对学院的良性运行和健康发展意义重大。教授委员会制度真正体现和落实了教授治学的原则，它对于学院的科学决策、民主管理以及整个学院良好氛围的营造起到了重要作用。

教授委员会的存在是对教授知识、能力、人格的信任与尊重，是教师主人翁地位得到充分确立的真正体现，是避免学院政

策和工作可能出现大失误的有效方法。学院不是任何个人的学院，任何个人的知识、能力、判断力、精力总是有限的。学院工作的开展、学科建设的推进、学科规划的设计、对人才科研水平能力的鉴别和考核，不可能仅仅依靠学院党政领导个别人去完成，而必须调动全院教师的积极性，尤其是要充分发挥教授们的积极性、主动性和能动性。教授委员会是教授们进行讨论、辩论的有效平台，借助于教授委员会的集体智慧，让不同学科的教授们充分发表自己的看法和建议，在争论中求得统一、形成共识，最大限度地避免学院政策可能出现的重大失误。我们学院这些年学科发展、人才引进等工作领域一些成效的取得，也证明了教授委员会在这方面开展工作的效果。

教授委员会是增强学院政策决策过程的透明性和公开性的必需途径，是避免教师与学院领导之间产生意见矛盾的有效方法。在很多情况下，教师对学院领导工作的误会和意见，根源在于政策制定和实施过程的不公开性、不透明性。教授委员会的设立和运作恰恰可以增强学院决策和行政的透明性和公开性。

教授委员会的存在可以较好地保证学院政策和工作的公平性，可以增强学院的凝聚力，为整个学院营造宽松、团结、和谐的良好氛围。人文学科的成长和发展需要有相对宽松、和谐的学院环境。这些年来，由于学院的重大政策和举措都是由教授委员会集体讨论做出的，决策过程的公开、公正、公平避免了学院内部的许多矛盾，整个学院风气正派、富有朝气活力，教师与教师之间团结和谐、互相信任、少有怨言。老师们很留恋、珍惜人文学院这种氛围，即使物质生活条件相对较差，建院六年来没有教师出于学术环境和心情方面的原因而调离我院。再举教师们最关心的职称评聘工作为例，六年来我院的职称评聘工作不再设初评组、学科组，这两个组的功能都由院教授委员会代替，教授委员会很好地担负起了学院职称评聘的职责，保证了职称评定过程中的公平性。因此，在每年度的职称评聘前，申报者没有人会跟院领导和教授委员会成员打招呼；面对每年职称评定的结果，未被评上的申报者中也没有人对院长有怨言，更没有出现写信状告学院领导的事情。这充分表明教授委员会对学院民主管理及良好氛围的营造所起的作用。

三、我院教授委员会运作过程的几点经验

第一，正确界定并协调好学院行政、党委（党总支）与教授委员会三者之间的关系，是教授委员会能够发挥作用的前提。从本质上讲，学院行政、党委与教授委员会并没有自己特殊的利益，三者的目标是一致的，都是为了学院更好、更快地发展。学院行政尤其是院长对学院的学科布局、人才引进等重大问题提出设想，以自身的行政执行力推进学院各项工作的实施和落实；学院党委把握好学院发展的政治方向，协调各种关系，为学院各项工作的开展提供思想保障和支持；教授委员会作为学院的最高决策机构，对学院的重大事项做出决策，为学院的发展提供智力支

持，并且对学院行政（院长及院务委员会）工作进行监督。明确各自的职权范围和工作任务，协调好三者关系，学院工作才能真正有序地推进。

第二，学院领导转变权力观念，树立简化行政权力的意识，并以规章制度的形式建立教授治学的长效机制，是教授委员会运行并真正发挥作用的关键。学院领导的行政工作必须围绕学科建设、科学研究和教学人才培养等中心任务而展开。学院领导要树立正确的权力观念，通过制度建设来管理学院，要有院长、书记可以随时换人而学院照样有序、健康发展的想法。这样的院领导就乐意从繁杂琐碎的行政事务中摆脱出来，乐意简化行政，把学院重大问题的讨论和决策权交给教授委员会。这不是学院领导要推脱责任或者行政不作为，而是一种行政权力观念的改变，是学院行政管理方式的转变。

第三，教授委员会成员的责任意识、大局意识及公平意识是教授委员会能够获得正当性和权威性的重要保证。教授委员会成员必须抛开自身的学科、系科成见，要有公正的立场和良好的判断力，在讨论和决策时要出于公心，唯有如此，教授委员会才能获得自己的权威性。这既需要教授委员会成员的自律，也需要制度设计上的保证。

人文化成,同济天下①

尊敬的各位来宾,各位老师和同学:

今天对于同济大学人文学院来说是一个重要的日子,我们在此举行建院70周年、复院10周年的庆祝大会,我们刚刚新建了一个心理学系,我们也刚刚搬进了新楼,终于有一个独立的空间了,这些都是不太容易的事。今天对我个人来说也是一个重要的日子,首先是因为在一定程度上讲,这个学院的恢复和重建跟我有关;其次是因为过了今天,我可能会比以前更自由些、更轻松些了——我院新任院长即将到任,他今天也在场,是中国社会科学院外文所的叶隽教授。

所以,我在此首先要感谢各位来宾,哲学界、文学界的朋友

---

① 本文系作者于2016年5月15日下午在"同济大学人文学院70周年院庆大会"上做的院长致辞,也是作者的离任讲话。公布时略做技术性处理。

们，尤其是我的哲学界同人们。在过去十几年里，你们支持了我们同济大学人文学科的恢复，特别是哲学学科重建的每一个步骤，今天你们又来见证我们学院的庆祝活动，我当然知道，许多朋友是出于兄弟情谊而来的。我要感谢我们学院理事会的朋友们，你们代表的是同济校友们和社会各界对同济人文学科的期望和要求，没有你们的支持，我们学院可能已经半途停顿，至少不会是现在这个样子，估计也不会有今天的活动了。我要感谢我们学院的老师们和同学们，你们不但能容忍我相当难听的绍兴普通话，而且一直对我不离不弃，尤其是家琪、日明、卫翔、小刚、书元、鸿生、崇志等老同事，相信岁月已经无法抹去我们的战斗友谊。我要感谢同济大学最近三届校领导，特别是三任书记，在一些关键节点上，你们对我们学院、对我个人工作的支持，表明在同济大学，党的领导是坚强有力的。我还要感谢学校各个部门的朋友们，十年来，你们终于接受了我们这个怪怪的学院的存在，而且有不少朋友已经开始喜欢我们学院的存在了，让我感受到了一些温暖和希望。

同济大学人文学院创建于 1946 年，1949 年被关停，2006 年复院，迄今一共只有 13 年的存在历史。试问：这样一个学院可以庆祝 70 周年院庆吗？我们不免忧虑。我们的忧虑源于历史带给我们的虚无感。在 20 世纪下半叶，1949 年以后，直到新世纪初恢复，在此期间同济大学没有人文学院，没有人文学科。今天我们如何来跨越这虚无的 57 年？今天我们如何来纪念和庆祝这大部分不存在的历史？——真的不好回答。

2002年4月我从浙江大学调入同济大学工作，成立同济大学德国哲学与文化研究所，当时我甚至不知道这个工科院校在新中国成立前有过文学院，有过中文系、历史系、哲学系、德文系等；我不知道同济哲学系还是上海第一家哲学系，自然更不知道前辈学者杨一之先生、熊伟先生等曾在这里工作过。后来有所了解了，但直到几天前，我才知道原来同济哲学系的第一任主任是郑寿麟先生，第二任是杨一之先生，第三任才是熊伟先生，档案显示，好像陈康先生也当过几个月的系主任，而在此之前，我一直以为熊伟先生是唯一的一位系主任和院长，我就是第二任院长了。哲学系在新中国成立前总共只存在了三年，系主任却有三四位，也算是一个奇观吧。

我来时就我一个人。我在图书馆楼上弄了一间小小的办公室，一个电脑、一张桌子。后来我在浙大带的一位学生来所里工作；后来陈家琪教授调来；后来柯小刚博士加盟。我们仍旧待在图书馆楼上，啥也没有。这时候我们开始申报硕士点。但不久，学校把我们整合入当时文法学院的社会科学系，与这个系的一部分师资合并成哲学与社会学系（今天我们也邀请了原文法学院的几位教授出席庆典）。我们开始申报本科专业、博士点，以及其他重点学科、一流学科建设计划之类的。我们一路都在申报，跌跌撞撞，于是就到了今天，今天我们也还得忍受评估和申报之苦。

复院十年以来，同济大学人文学院相继设置了哲学系、中文系、文化产业系、欧洲思想文化研究院、历史学研究所、心理学系——心理学系昨天下午刚刚揭牌。我们一直在设想人文学科如何有效地回应人类现实和未来的要求，我们一直在探索，也在坚持同济人文的性格，在夹缝中生存，我们基本形成了自己比较犀利的批判个性。我们认为，自由与批判，是大学的本质，更是人文科学的本质，是人文科学存在的意义所在。若不自由，若不批判，便无人文可言，也无文人可言。

我院现在四系一所一研究院，看起来规模已经不小，但与国内老牌文科院系相比，我们还是一个小单位，而且在可预期的一些年里，同济人文的基本规模和样子大概也不会有太大的改变。这时候适逢建院70周年加复院10周年，我们得了一个契机，来纪念同济人文那一段若有若无的历史，总结最近十几年来的重建历程，瞻望人文科学的未来。

也正是出于这个动机，我们今天举办了一次"技术时代的人文科学"学术研讨会。我们这个时代是技术统治的时代。所谓技术统治，以我的理解，是指技术权力已经压倒了其他权力，成为人类生活中终极的支配力量。在这个时候，在人类作为自然物种的生存受到威胁的时代里，人文科学的处境、价值、意义、命运和使命都得重新思考。这种思考已经延续了好几百年，于今最为迫切。也许马克思预言的共产主义社会就快要实现了，也许尼采讲的"末人"时代已经到来，也许海德格尔所思虑的全球技术宰治事件正在发生，今天的思想、今天的人文科学必须面对技术困境和人类文化前所未有的大变局，也必须对技术统治下的人类生活做出指向未来的探索。

正是在此意义上，我曾把人文科学的使命界定为三项，那就是：历史传承、现实批判和未来关怀。我认为这跟人的本质规定是一体的。人文科学是从人的本质深处发起的自由思想和创造。我们刚刚确立了同济人文学院的院训——"人文化成，同济天下"，正是为了传达我们理解的今日人文科学的创造性使命。我们愿以此自勉，也与在座各位同人共勉。

再次感谢朋友们。祝朋友们身体健康，平安快乐！

第三章

观念行动

Chapter 3

我们为何还不改变统一高考制度？[①]

要论目前国民最关心的若干社会公共事务，其中大概必有"教改"一项。一些年来，尽管有关方面在现行教育制度的改革实践上下了不少功夫，进行了一些有益的尝试，但1977年之后在中国大陆延续了30年之久的应试教育体系未有根本性的变化。社会舆论和各级教育主管部门都在提倡"素质教育"，号召和呼吁为痛苦不堪的中小学生减负，然而收效甚微，甚至效果恰恰相反——倒是在原本的应试教育负担之外进一步加上了素质教育的压力。今天，校与校、学生与学生、家长与学校、学生与老师、学生与家长之间，依然在展开激烈的"升学搏杀"。学生们的书包重量有增无减，过着不利于健康的机械的读书生活。

[①] 本文系作者应北京一位教育杂志编辑所约而作，作于2009年1月2日。约半年后才得知该杂志未敢采用拙文，原因未知，不过着实让我奇怪了。本文只是对目前教育体制问题有感而发，提出自己的建议，或有差错，欢迎批评和讨论。

毫不夸张地说，我们的教育制度（特别是中小学教育制度）已经损害了几代国人的身心健康，并且正在继续损害和摧残下一代年轻人的身心健康。在现行教育制度下，青少年的个性、兴趣和创造力遭受无情的扼杀，一步步被训练和规整成无差别的考试机器。在坚硬冷酷的制度面前，学生个体和家长个体均无从反抗，不然就难免自绝于社会了。于是我们看到这样一种惨痛而荒唐的局面：一边是骂声不绝于耳，一边是人人都在参与搏杀和伤害。许多家长一边心怀愤怒，一边却在周末两天带着小孩满城转，补完奥数补外语，补完外语补中文。小孩的周末休息时间被剥夺，学生家长们也基本丧失了家庭生活——这无疑已经构成对孩子们和公民们的正常权益的侵犯。

人人都知道现行教育制度改革的核心问题是我们的高考制度，是升学率。这个实行了 30 年的高考制度成了全民整体动员的"升学运动"的指挥棒。我认为是时候了——不是改良，而是改变这个全国统一高考制度的时候。

简单说来，要改革我们现有的教育体系，我认为关键只需要做到以下两点：

（一）改革高考。改变全国统一高考制度，包括各省市统一考试制度，实行各高校完全自主招生。全于各高校以何种条件（要求）、采取何种考试方式（笔试、面试或者两者结合）录取新生，由各高校自行决定。公民在具有高中毕业证书的前提下，通过相关高校的审查和考核便能入学。与此相应的是，一方面可以在中学阶段实行宽松适度的高中会考制度，另一方面应完全放开大学入学年龄限制，即公民凭高中毕业证书可在任何年龄申请进入大学学习。同时，在高等院校内，必须实行完全学分制（而非目前大学里搞的虚假学分制）和自由选课制，高校只限定学生在几年内修满学分即可毕业。高校必须满足入学公民（在校学生）自由地选择专业和选修课程的基本权利。

（二）强行减负。在改变全国、全省（市）统一高考制度的前提下，政府（教育部）应强行规定中小学裁减课时，可考虑缩减三分之一甚至二分之一的课时量，同时增加自由活动、社会服务（实践）、艺术和体育等兴趣项目。至于裁减哪些课程的内容和课时量，增加哪些课外活动项目，均由各学校根据自身的办学特色自行设计和规定（各地教育主管部门可提出指导性意见）。如此，各中小学就会形成自己的办学特色和倾向，而学生便可根据自身的个性和特长选择学校。

有人会质疑上述两点，特别是第一点的可行性。实际上，如果实行相关的配套制度，我们现有的高校规模已经基本上可以满足社会的升学需求。1977年全国有580万人参加高考，仅录取了27万人，录取率约为4.6%；1980年高考录取率约8%，我上的农村中学条件差，百来号学生中只考上了2名，录取率不到2%。在当时形势下，高考制度显然是必要的。但在30年后的今天，我国的高校招生规模已经大幅扩大，2008年全国考生1038万人，招生计划数599万人，平均升学率已达到57.8%；有的省市的升学率大大超出了平均数，少数核心城市的升学率甚至超过了80%。因此，在今天的条件下，只要全国高校再适当增加一点招生数,再加上上述的完全开放大学入学年龄限制(从长远看,这一条显然将大大缓解社会升学竞争),社会升学需求与高校规模之间的矛盾应该不是一个难题了。

现行教育体系的改革已经刻不容缓。我们需要一种合乎人性自由发展、合乎现代社会需要的教育体系,来造就身心健康、具有创造力的公民。

现象很复杂,但问题也许只有一个——我们为何还不改变统一高考制度?

2009 年 10 月 31 日记于沪上同济

关于创办上海美术学院的建议①

创办上海美术学院的构想和建议,早就有人提出,但至今未能成为现实。现在,时机越来越成熟了,市政府应从建设国际大都市和文化大都市的战略高度,把上海美术学院的创办列入未来五年工作计划之中。

一、上海没有独立的美术学院,是历史的错误,也是现实的缺憾。

在中国,现代意义上的美术学院是与现代大学的创设和发展

---

① 本文系作者以上海市政协委员身份于2008年1月市政协十一届第一次会议上提出的"提案",未受有关部门正面答复。2010年1月在市政协十一届第三次会议上再度提出,不久被某记者以采访稿形式刊于2010年2月2日《新民晚报》上(其实并没有采访经过),也未引起重大反响。2011年1月在上海市政协十一届第四次会议期间第三次提交,并被列为大会书面发言;在这次会议上,承蒙社科界委员们的支持,在本人提案上集体签字声援。

同步的，遗憾的是，出于种种原因造成了一个历史性的缺憾：上海市至今没有一座独立建制的美术学院。虽然多所高校里设有二级美术学院（或艺术学院），有的办得也不差，也有中国美术学院张江分院（只是设计分院），但均不是独立而完备的现代美术学院。

纠正这个历史性错误，已经刻不容缓！没有高水平的美术学院，不但美术积弱，艺术积弱，而且必然导致创意和创新能力低下，城市形象苍白。不能想象正在成为"国际大都市"的上海没有一座独立的、完备的、高水平的现代美术学院。国内核心城市中，北京、天津、重庆、广州、西安均有美术学院，唯独上海没有。

美术是人类最基本的创造性活动，在艺术中具有龙头和核心地位。美术之于艺术，如同诗歌之于文学，哲学之于人文（精神）科学。我们完全可以说，一个民族、一个国家、一个城市，它的精神高度取决于诗歌、美术和哲学的水准。这也正是老一辈学人如蔡元培先生等当年力推美术的原因之一。

值得注意的是，上海城市创新能力趋于下降，2009年上海被挤出中国创新城市前三名，这与上海美术和艺术教育不发达有着直接的、必然的关系。

二、上海美术学院当以现代艺术和艺术设计为重，兼备中西传统美术。

上海是近代中西文明交融的产物，上海"国际大都市"的城市发展规划和定位体现了"现代性"和"国际性"两大特性，故上海美术学院也应以"现代"为重，重点发展现代艺术和艺术设计学科，但又必须兼蓄中西传统美术（国画、书法等，以及油画、版画、雕塑等欧洲传统美术样式），因为没有后者，前者将是无根之木。

维护和弘扬古典美术传统，推动和发展现当代艺术样式，将是未来上海美术学院的双重任务。

三、建议把上海美术学院设在杨浦、虹口一带，融入创意产业园区之建设。

上海美术学院不但要培养美术专业人才，推进美术创作事业，而且将承担提升市民艺术素质、培育创意文化产业等功能，因此应当选址于市区。建议选址于离市中心不远的上海杨浦、虹口一带，这一带有复旦、同济等名校（特别是同济有较强的建设设计、艺术设计、文化产业等专业优势），另外虹口四川北路已建有现代美术馆（合乎上述的美术学院定位），更重要的是，这一带正在着力构造创意设计产业园区，并且有较宽余的可供用地（如老厂房）。

四、建议先组成一个专家小组，开展上海美术学院的论证和规划。

上海美术学院的建设无疑将是一项错综复杂的工程，这也是它至今仍然停留在梦想阶段的一个原因。建议先组成一个专家小组，开展相关的论证和规划，提出具体的建设方案。在筹备阶段，也可考虑先行成立"上海艺术研究院"或"上海美术研究所"（这本身也是上海市的一个缺失），为未来的上海美术学院储备师资和培养人才（待上海美术学院成立以后，该研究院可融入其中）。

2008 年 1 月 25 日
2010 年 1 月 25 日补充

关于在本市高校实施完全学分制的建议[①]

上海市教育综合改革方案已经成型，提出了52条改革措施，目标是到2020年率先实现教育现代化，并努力争创世界一流教育。在高校教学改革方面也形成了若干改革设想，但我认为还没有抓住核心的问题。比如现有改革方案中有一条"推动提升高校本科教学质量"，其中的措施有五项：1.推动教授为本科生上课；2.实施青年教师助教制度；3.建立教师坐班答疑制度；4.实施课程与教学改革；5.强化教学评价。这五项差不多都是老调重弹，都是禁止性的限制，并没有多大的新意和创意，更没有触及大学教学最根本的问题，即如何用制度来最大限度地保障学生学习的自由。而要解决这个根本问题，我认为只有一条道路：实施完全学分制。

---

① 未记录写作背景，依然记得是在上海市教育委员会组织的一次座谈会上的讲话。

我国高校实行学分制已有多年，但多半不是完全彻底的学分制，而是"学年学分制"（变相的学年制）。具体表现为：课程设置中必修课所占比重过大，选修课比重过低，必修课占比多在80%以上，像本人所在的专业甚至在90%以上（美国高校则是倒过来，选修课比重超60%）。因此这样的学分制显然只能是虚假的学分制，学生们仍然没有自由选课的可能性。问题在于：没有自由的学习怎么可能是有趣味的、有创造性的学习？

一、完全学分制乃是高等教育的本质要求。高等教育的本质在于学术自由，保障"教的自由"与"学的自由"应当成为我们教改的根本目标。完全学分制一方面从制度上保障了学生自由地选择课程的权利，保证学生的自主学习和个性塑造；另一方面也通过高校自主设置课程、增加课程总量而保障了教师的教学自由权利。

二、完全学分制可以成为我国高教改革的发动机。学生有了自由选课的可能性，则他们的学习将变被动为主动、变无趣为有趣、变消极为积极，教学质量自然会提升。教师有了开课的自主权，但同时也因为"被选课"而有了竞争压力，高校里的"南郭先生"将无处藏身。高校人事制度改革将由此得以发动。另外，只有实施了完全学分制，弹性学制的改革才是可能的；教育部正在号召的"鼓励学生休学创业"之类的举措才有了前提。

三、实施完全学分制的时机已经成熟了。中共十八大以后积极推动重要领域的改革，而上海市被列入教育改革的试点城市。

这时候我们理当抓住要害，通过实施完全学分制推动我市高等教育事业的深度变革。而且在这方面，国外早已有了成熟的经验可供我们借鉴；在国内，也已经有地方开始推行完全学分制，如广东省教育厅 2014 年 10 月 17 日发布《关于普通高等学校实施学分制管理的意见》，明确提出要实施完全学分制了。

尊重学生的个体性，培养学生的自主性和创造性，这是现代高等教育的基本特征。而以灵活、变通和自由为特征的完全学分制将是实现现代大学理念、完成创新人才培养的教育目标的有效途径。因此我强烈建议，尽快在我市高等院校内实行完全学分制（而非目前的虚假学分制）和自由选课制。

2015 年 1 月 25 日记于沪上同济

《同济大学学报》主编声明[①]

得知《同济大学学报（社会科学版）》被南京大学期刊评估中心踢出新版 CSSCI 来源期刊目录，本主编深感痛心和羞愧。本人于 2005 年初出任主编，当年即对本刊进行学术改造，一年

[①] 2017 年 1 月 17 日，南京大学期刊评估中心发布新一轮 CSSCI 期刊目录，本人担任主编的《同济大学学报（社会科学版）》被踢出。1 月 19 日下午在杭州至上海的高铁上，我写了《〈同济大学学报〉主编声明》，随即发布在本人博客上。未料在不到两小时的时间内，包括澎湃新闻在内的几家新闻网站转发了本声明，立即成为一个热点帖，引发热议。此后《文汇报》、光明网、科学网等重要媒体或转载本文或发表评论。本文采用冷嘲方式，意在引发学术界的思考；本文并不针对某个个人或者某个机构，而是针对学术腐败，特别是学报和期刊界普遍存在的影响因子造假现象。据本人掌握的材料来看，人文社科期刊的影响因子造假已经成为有组织的集体行动，参与者甚众，状况已到了极其恶心的地步。比如有几个省份几个学报的"影响因子"主要来源于省内互引；又如一所大学有两个学科相近的期刊，它们的"影响因子"主要来自对方引用（我猜这两家期刊是同一个编辑部）。学术之根在于真实，真实和诚实是学术研究的底线，但现在这个底线已经被破掉了。若不加以阻止，任其蔓延，则还有何学术尊严可言？与捍卫我所从事的学术的意义和价值相比，既得利益者们对我的各种谩骂是可以忽略不计的，我知道，他们只是一些以学术混日子的货色而已。

后使本刊第三方排名（转载排名）从600多名升至25名，此后均在此位徘徊。2007年本刊成为所谓的中文社会科学引文中心索引（CSSCI）的来源期刊。此后本主编不思进取，更没有服从期刊市场游戏规则，不知道所谓的"影响因子"也是可交换和可买卖的，没有采取相关措施提升本刊的"影响因子"，才有今天的下场。痛定思痛，本主编特拟定以下整改措施：

一、以市场为中心，以影响因子的提升为本刊办刊目标。以前所谓学术性、开放性和特色性之类的办刊方针，实属书生乱弹，危害极大。此后本刊将改弦易辙，把影响因子当作唯一的追求目标和工作重心。本刊同人必须认识到，影响因子是刊物的影响力之表现，本刊影响因子的提升就是对学术的贡献、对国家的贡献、对人类文化的贡献。

二、今后凡在本刊发表论文者，须自行安排好引用事宜。每篇文章须有三次以上（含三次）外刊引用，超过三次外引者有奖（奖金数额待定）。本校作者若在本刊发表文章，须自行安排五次以上（含五次）引用任务（可发动本专业同人合作完成），每次奖励500元左右（具体数额待定）。

三、积极与兄弟学报和其他学术期刊合作，形成相互引用的稳定机制。以前本刊以学术的名义未参与此类活动（本刊曾收到此类合作邀请），甚至把此类活动称为"勾当"加以痛斥，实属无聊，也是本主编不通人情世故、不尊重市场的表现。关键是本主编没有深刻认识影响因子对我国学术发展和文化建设的重要性，故有此错误。今后本刊将全面融入主流，积极地与兄弟学报和期刊合作，共同把提升学报影响因子的伟大事业进行到底。

四、大幅提高稿酬，激励校内外作者投稿积极性。目前本刊稿酬为每千字 50—100 元，真是笑话，属于调戏作者的做法。鉴于本刊已降为 CSSCI 扩展版期刊，有的单位已不再把本刊视为"核心刊物"，故更须以金钱手段适当刺激，此后本刊将大幅提高高引用率作者和具有高引用率承诺之作者的稿酬，建议提高幅度定为现行标准的 5—10 倍。

五、为筹措资金，预留三分之一版面用于发表收费论文。本刊一直未收取版面费，现在看来是不对的，也是浪费资源。有人愿意出钱发文，有错吗？错在哪儿？今后本刊每期可留 6 篇左右的版面（约三分之一），用于发表收费论文，每篇收费以市场标准执行（据说在 3 万元左右）。由于一些单位仍旧把 CSSCI 扩展版视为"核心刊物"，故本刊在收费方面仍有操作的可能性。由此产生的收益，可用于奖励引用和提高稿酬。

通过以上五条整改措施，相信本刊必将在两年后重新回到 CSSCI 目录中，重新成为"核心刊物"。

以上建议将递交给本刊编辑委员会讨论和表决。若本刊编辑委员会否定上述提案，本人将辞去主编职务。大家不想上进，本主编也没办法，不玩了总归可以吧？

特此声明。

《同济大学学报（社会科学版）》主编：孙周兴

2017 年 1 月 19 日

哲学门类应设置三个一级学科[①]

我国现行学科分类中的哲学门类至少应设置三个一级学科：1. 哲学；2. 宗教学；3. 逻辑与认知。我们的理由如下：

其一，在我国现有 13 个学科门类中，只有哲学门类未设多个一级学科，而只有哲学一个一级学科，这种情况是不正常的，也严重限制和影响了哲学学科的发展。 其他 12 个学科门类均设有多个一级学科。连最新独立设置的艺术学门类（原属文学门类），也下设了五个一级学科。一般我们说人文科学的基础学科是文、史、哲，而在人文学科内部，文学和历史学门类均设立了多个一级学科，如文学分为外国语言文学、中国语言文学、新闻传播学等，历史学也分为中国历史、世界历史、考古学等，但哲学门类却只有哲学这个唯一的一级学科，就是说，哲学门类本身

---

① 根据本人在国务院学位委员会哲学学科评议组会议（北京大学，2018 年 4 月 1 日）上的讲话扩充而成。

就是哲学一级学科。这对哲学学科是不公的。

其二，哲学门类内容殊为丰富，领域十分广大，加上中国特色，比如把宗教学（作为二级学科）归在哲学一级学科之下，现有学科设置无法适应哲学本身的宏大内涵。哲学是人类知识的母体，又是人类科学体系的发动机。虽然在历史进程中，原本属于哲学的一些领域和课题被自然科学所侵占和吞食，但哲学作为"普遍之学"依然具有极为广阔的研究范围和极为多样的观念构成方式。而现有哲学学科设置办法没有展示哲学的这种基于历史和现实的丰富多样性，也不利于哲学学科内部知识形态的差异化区分和组织。

其三，现有的哲学学科设置办法过于粗糙、单一，设置原则混乱，亟须修正，形成更恰当和更开放的哲学学科体系。在现行的学科划分中，哲学门类即哲学一级学科，下设了八个二级学科（中国哲学、外国哲学、马克思主义哲学、宗教学、逻辑学、伦理学、美学、科学哲学等）。但这个二级学科设置办法问题较多，过于粗糙、简单，历来备受争议，主要问题在于设置原则的混杂，既有地域原则也有学科原则，故难免冲突和矛盾，比如中国哲学与外国哲学是按照区域来设置的，而宗教学、逻辑学、伦理学、美学、科学哲学等是按学科方向来设置的，则这两个原则如何达成统一？诚然，在哲学内部学科的划分上，我们很难在地域原则和学科原则上做出取舍。如果纯粹采取地域原则，那么，哲学无非中国哲学与外国哲学。如果仅仅采取学科原则，我们大概更应该像欧洲大学那样，把哲学分为形而上学、知识学、语言哲学、技术哲学、实践哲学、美学、逻辑学等。看起来学科原则是更讲道理的，因为在中国哲学与外国哲学的划分中，地域原则显然未能彻底地、公正地得到贯彻，"外国"——"中国之外"——的范围实在是太大了，与"中国哲学"对等的本来应该是"美国哲学""德国哲学""法国哲学""印度哲学""日本哲学"，等等。在某种意义上讲，把"中国"与"外国"并置，显然是带有民族主义的色彩的。比较而言，欧洲大学哲学系的学科划分采取的是学科原则，是更讲道理的分法。

其四，在目前形势下，哲学学科的设置首先应当遵循具有普遍意义的学科原则，然后才考虑特殊的中国国情。在现行哲学学科设置中，至少宗教学和马克思主义哲学这两个二级学科，它们的设置显然更多地基于中国国情，有着政治意识形态方面的因素和背景。宗教学大致就是与哲学并列的"神学"，在欧洲大学里是与哲学并列的学科，但"神学"之名目前是不可能出现在中国大学和学科体系里的。再者，按说马克思主义哲学是外国哲学的一个组成部分，在我们这儿被单列出来，并且被当作哲学的基础学科（所谓"中、西、马"），确有历史的原因和现实的理由。在新的哲学学科设置中，我们必须把学科原则与国情原则结合起来。

鉴于上述原因，以及其他种种未道明的原因，我建议可以在哲学门类下设三个一级学科：**1. 哲学；2. 宗教学；3. 逻辑与认知。**其中"哲学"一级学科可包含中国哲学、外国哲学、马克思主义哲学等二级学科（美学、伦理学可置入中国哲学和外国哲学中，也可保留为二级学科);"宗教学"一级学科可包含基督教、伊斯兰教、佛教、道教等二级学科;"逻辑与认知"可包含逻辑学、科学史与科学哲学、技术哲学、认知科学等二级学科。目前看来,这个方案可能是最简单,也最容易被接受的。

上述方案之所以容易操作,是因为它其实只涉及两个改变,即把"宗教学"和"逻辑与认知"独立出来了。哲学与宗教学虽然在历史上有着紧密的相互纠缠关系,却是两个不同的独立文化知识体系;如果参照欧洲大学的学科设置,我们尤其有必要把哲学与宗教学作为两个一级学科分设开来。逻辑与认知(这个名称是否合理,可进一步讨论,也有学者建议为"逻辑与科学哲学")一级学科的设立具有特别重要的现实意义。如果说在历史上逻辑学是一门相对较小的学科,那么,在当今技术占主导的文化状态中,由于逻辑学、科技哲学、心智科学、人工智能等相互交叉地共生和发展,该学科(逻辑与认知)已经扩展成为一个范围宽广的学科,而且更具有未来生长的巨大空间。

必须看到,作为人类知识体系的基础和核心,哲学现在又一次迎来了更大发展的机遇。在全球一体化的时代里,人类比以往任何时候都更需要哲学的大尺度思考。在技术加速发展、日常生活日益动荡不安的今天,人们越来越需要以论证和辩护为基本方式、以批判性思维为基本特性的哲学,以之作为生活的稳定器。社会和民众的反应已经证明了这一点。在最近一些年的高校博士生招生中,哲学一级学科已经成为录取率最低的学科之一。据统计,目前中国有 1243 所本科高等院校,但只有 80 个哲学系，明显偏少；若以美国标准来看，中国还得建200个左右的哲学系。所以，把哲学系做多、做强、做大，已成当务之急。这时候，我们先得重审哲学的知识构成和制度设计，更合理地设置哲学学科。

以上是我初步设想的哲学门类一级学科设置方案，现予以公布，希望引起学界的关注和讨论，欢迎大家批评。

2018年4月20日晚补记

2018年7月31日再记于海口

第四章

人 文 理 想

Chapter 4

何谓人文？如何教育？[①]

很高兴有机会跟中学生朋友们交流。我是研究哲学的，主要研究德国哲学，也做点艺术哲学——我也是中国美术学院的兼职教授，每年都在那儿开一门《艺术哲学》课程。哲学与艺术，这听起来是对立的两块，但在我这里好像比较统一，我个人出于长相方面的原因而经常被看作艺术家。不过我的主业还是研究德国哲学。德国哲学有三位大家对我们近代以来的中国影响最大，按年纪排列，一是马克思，二是尼采，三是海德格尔，我主要研究后面两位，即尼采和海德格尔。我自己写了不少书，翻译了较多书，在座各位当中，估计会有同学以后读到其中一些。

给中学生朋友们讲课，于我是第一次，以前有两次去中学做过报告，但不是给同学们做的，而是给中学老师们做的。现在跟

[①] 本文系作者于2013年7月28日上午在同济大学中法中心做的苗圃计划夏令营开营主题报告。

中学老师谈教育问题可不容易，因为我跟他们之间分歧比较大，我做报告时他们表面上在点头，实际上心里可能在嘀咕：哼，什么东西嘛。所以，今天跟中学生朋友们讨论，我也有一种担心，既担心我们关心的东西不一样，又担心我讲的东西无助于你们，反而可能给你们帮了倒忙。

我认为这也是我们教育的一大问题，基础教育与高等教育没有良好地接轨，两边脱节。一方面是教育内容，中学与大学脱节，中学只关心升学，教育内容上不断加码，而大学并不关心中学里教了什么，闷着头自己玩；另一方面是教育方式，两边也是脱节的，中学里是为应试设计的，知识的灌输和记忆成为头等大事，而大学教育——在理想状况下——重在理解、讨论、批判。我说的是理想状况，实际情形并不乐观。除了上述脱节，或者说正是由于上述脱节，我们的学生们在中学时过着悲惨的生活，到了大学呢，就相当幸福、相当快乐了，因为中国的大学是"严进宽出"的，很少听说有谁进了大学毕不了业。这是极不正常的现象，我们的青少年在长身体的时候"过度学习"，而发育期过了，成了成年公民，到了拼搏的时候，却已经对读书失去了兴趣和动力。这叫什么事？

我觉得我们基础教育最大的问题是"过度学习"，就是学得太多了。青少年们根本没有游戏的时间和空间，如何可能有创造力？前阵子我给毕业班同学讲话，讲到一个笑话：泰国这么一个小国家，共6500万人，人数只有我们的二十分之一，男人只有3000多万人，当兵的、当和尚的和当人妖的又占了相当一部分，剩下的男人就更少了，从里面挑了几个人踢足球，竟然把中国队踢翻了。为什么？主要原因之一在于我们的教育体系。我们的小孩子们哪有时间和精力踢球呀？

最近中国青年报社会调查中心做了个社会调查，调查了5000多人，结果表明，58.6%的受访者表示已经不记得中学时代所学的知识，只有2.5%的受访者表示还都记得。其中，数、理、化是被受访者忘记得最厉害的三门课程。仅8.6%的受访者表示毕业后经常用到中学所学知识。

今天我要跟大家讨论"人文"和"教育"两个概念，合起来就是"人文教育"。我们采取笨办法，先说"人文"，再说理想的"教育"，最后说说"人文教育"。

一、什么是"人文"？

在中国传统中，"人文"一词是极广义的。《周易》有言："刚柔交错，天文也；文明以止，人文也。观乎天文以察时变，观乎人文以化成天下。"可见"人文"是与"天文"相对而言的，"人文"是指社会人伦，而"天文"是指天道自然。所以，在中文语境中，"人文"是个十分模糊的概念，通常关于"人文"的解释是相当宽泛的：1.指礼乐教化；2.泛指各种文化现象；3.指人事、习俗、人情。

与此相关的是"人文主义"概念，这是一个在近代欧洲出现的概念，现有的解释大致也有三条，即"人本""个人""自由"。具体说来，一是"人本"观念，就是要以人为本，以人为中心。历史上从神本位、君本位到人本位，总归是一项进步；自然观（宇宙观）上是人类中心论，则未必是好事。二是"个人"观念，就是承认、尊重、保护个人，特别反对专制制度利用"国家""集体""组织"的名义侵犯个人的权利。个人是根本，个人的生命权、自由权和财产权以及这种权利能否得到保护，是衡量一切制度好不好的根本点。三是"自由"观念，主张"政府的唯一宗旨是保护个人创造财富和享受幸福的自由"。"自由观念"同时指"每个人"的自由，只有尊重他人的自由，才能有自己的自由。争取自己的自由，而绝不损害他人的自由，这就需要规则。个人遵守规则就是尊重他人的自由，也是尊重自己的自由。于是，规则意识就成了自由国家国民的基本素质。

最后，我们还可以从"人文科学"角度来了解"人文"。同学们知道，我们把科学分为"文科"与"理科"——现在高考时还有"艺考"，其实艺术也可以归入"文科"中。但"文科"与"理科"的划分是十分笼统的。"文科"应该包括人文科学、社会科学和艺术；"理科"呢，应该包括自然科学、工程科学和医学。同济大学目前已经有上面讲的所有科学，所以是一个综合性大学；但由于它工科强大，故还被认为是一座"工科大学"。实际上"工科大学"这个说法是很要命的，如果只有"工科"，就不能被叫作"大学"，因为"大学"本来就是指多科性的高等学校。

好，我们前面分了人文、社科、艺术、自然科学、工科、医科等，则"人文"该如何来理解呢？它只是这许多"科"中的一"科"吗？"人文科学"意义上的"人文"指的是什么呢？是指哲学、文学（艺术）、历史等，我们这儿简称"文史哲"，在欧洲恐怕还要加上"神学"一门。在德语中，"人文科学"也被叫作"精神科学"（Geisteswissenschaft），与"自然科学"（Naturwissenschaft）相对。所以我们可以看到，即便在学科意义上，"人文"也是广义的，因为它是以人类"精神"为讨论课题的。"精神"太广了，关于自然的知识也是"精神"范畴的。所以人文科学天生就是无边的，它跟人类所有的知识形态和文化形式发生关系。

另外，在欧洲，人们经常还在"人文科学"前头加上一个形容词"历史的/历史学的"（historisch），叫"历史的人文科学"，为什么？是因为人文科学是历史性的，我们今天学哲学，还要不断地研究和讨论柏拉图、亚里士多德、孔子、老子，但如果来研究物理学，那我们就用不着关心亚里士多德的物理学，甚至用不着关心牛顿的物理学了（虽然在哲学上还是关心的）。差不多可以说，自然科学的知识是进步的（淘汰的），而人文科学则很难说进步。

无论是中国古代与"天文"相对的"人文"，欧洲"人文主义"意义上的"人文"，还是"精神科学"意义上的"人文"，都让我们意识到，"人文"不简单，比其他科学门类要复杂，而且有特殊重要性，因为它关乎精神，关乎人心和人的生活整体。

若要我来总结一下，我认为"人文"有如下几重意义：

1."人文"是普全的，涵盖人类全部文化现象和精神生活。

2."人文"的意义超出了简单的学科划分，是教育的发动机和目标所在。

3."人文"代表着人类追求自由、追求卓越和完美的理想。

二、教育的理想与理想的教育

今天在座的都是教育圈内的，包括教育者和受教育者。但要问什么是"教育"，也不是容易回答的。我们大致可以区分广义的教育与狭义的教育。广义的教育是指对人的塑造、赋形（德文的 Bildung 即此意），有目的地培养和增进人的知识、技能、品德、体质的活动均为教育；狭义的教育则是专门组织的教育，包括全日制的学校教育，也包括非全日制的学校教育，今天也包括电视、网络教育等。如果要我来给教育下一个定义，我会说，教育是由社会来承担的，有组织的，旨在满足公民求知欲，培养公民品德、知识和技能的活动。

我这个定义没什么新鲜的，但我强调了两点：1. 教育是由社会来承担的，因为它是公共事业；2. 教育要满足公民的求知欲，求知是人的天性，公民的求知欲（求知权利）是不可剥夺的，一个好的教育体系必须承担全体公民的终身教育。而我们离这一点还比较远，这是让人遗憾的。

进一步,让我们一起来想想:什么是好的教育?或者说教育要达到什么样的目标?当我们这样问的时候,我们是在设想一种教育的理想状态。理想的教育往往是一种哲学的设计,因为它背后都有一种人性观,一种关于人性的理解。

在欧洲,最早的教育理想是由第一个大哲学家柏拉图提出来的。柏拉图在《理想国》里为我们设计了好的教育形态,而其中当然含有理想教育的构想。柏拉图的人性理解差不多是自然的,好比自然界有金、银、铜、铁,人性也有天生的分别,是自然的等级,有的人天生高贵,有的人天生平庸,这是没办法的事。因此教育的目标是让人们各司其职,各司其职才谈得上"美德"——希腊文里"美德"(arete)的本义是"合适性"。一个国家要有统治者、战士、商人等不同角色,他们的人性(天性)也是不一样的。哲学家因为理性强,可做统治者;而战士要意志坚定,要勇猛;商人情欲旺盛,比较贪婪,精于计算。一个国家要运转得好,切莫角色错位,一定要有合理的安排。好比说,一个高个子应该和一个小个子结婚生子,如果两个高个子结婚,生出个更高个的,岂不怪异,不也造成浪费吗?还有,小孩生下来要怎样培养?应当归国家来培养,因为任何一对夫妻都无法担保自己有能力培养好小孩。倘若培养失败,谁负责?

近代欧洲最著名的教育理想,是由德国语言学家、教育家和哲学家威廉姆·洪堡提出来的。洪堡的教育理想是人文主义的"完人"理想。教育要培养完美的人,这似乎是一个天然的要求,哪个人不想达到完美呀?大概没有一种教育理想是不求完美的。可能关键还在对于"完人"的理解。什么是"完人"呢？洪堡的想法是很辩证的想法，他认为人性中有三个"基本矛盾"——自由与必然（规律）、想象力与思辨力、个体与群体（民族），这三个"对立面"必须统一起来，才可能成就和谐、完美的人性。那么，历史上有没有这种"完人"呢？洪堡说历史上只有古希腊人是具有这种完美人性的人类，以后的人类大抵都不行了。

洪堡的教育思想对19世纪以后的人类教育影响极大，对中国近代大学的影响尤其重大。它无疑也是一种哲学的设计。它的核心思想有三：完人教养、整体教育、个性自由。因为时间关系，这些我们只能简略带过。总之，洪堡坚持的是一种旨在充分发展人的个性的教育理念和信念。在他看来，素质、个性、修养是教育的第一要务，而知识、技能、专业则在其次。特殊（专业、职业）教育是简单的、束缚人的，只要实施了人的全面理想教育，人成为一个有信念、个性、教养的人，则他就能获得充分的自由，甚至转行、更换职业的自由。

后来马克思的共产主义理想其实也是一种完人理想。马克思说，到共产主义，人就彻底自由了，成为彻底解放的人。怎么个自由法呢？首先是物质上没问题了，不再为生计所累，其次是消除了分工劳动，不再有专业了，是什么都会、什么都可以做了。马克思有个著名的说法是："在共产主义社会里，任何人都没有特定的活动范围，每个人都可以在任何部门内发展。社会调节着整个生产，因而使我有可能随我自己的心愿，今天干这事，明天干那事，上午打猎，下午捕鱼，傍晚从事畜牧，晚饭后从事批判，但并不因此就使我成为一个猎人、渔夫、牧人或批判者。"（《德意志意识形态》）有人居然把马克思的这个话当作笑话。我承认马克思是打了个比方，但这个比方打得很好呀。人的追求不是自由吗？自由的生活如何体现？不为物所累，不畸形发展。好比我们锻炼身体，只练胸肌不练别的，于是胸部很发达而别的部位都萎缩了，好不好看？

马克思的社会理想也是一种教育理想。各位应该已经可以看出来了，洪堡所谓教育要使人获得充分自由，甚至让受教育者有转行、更换职业的素质和自由，这与马克思"上午打猎、下午捕鱼"的理想生活，根本上是一回事。他们要传达的都是一种合乎人性自由发展、全面解放的教育理想。

三、人文教育和人文精神

我们上面讲到，教育总归含着一种理想。说到底呢，教育就是按着理想的要求培养人，把人培养成尽可能全面发展的人。我说教育是理想教育，各位可能会反感，会说："哼，你只会说些大话，来点具体的好不好呢？"好吧，让我们换一种说法：教育是要按可能性来培养人的，让人向可能性开放，因为人是可能性的动物，而不是现实性的动物，人跟猪不一样。人跟猪当然也有一样的地方，人也是动物，吃喝拉撒睡，人跟猪都会、都需要。

但人呢，总是按照可能性，按照对未来的筹划来安排自己的生活。按可能性来筹划自己的生活，这意思也就是说：人是要有理想的。

但是，我们这个时代却是努力想把人拉到猪的水平上的时代。我们的时代是一个"技术时代"，也可以说是"物质时代"。人类精神生活变得很动荡、很不安，发生了很大的变化。最大的变化是由传统精英文化来支撑的传统价值体系崩溃了，人类物欲开始不断膨胀。另一方面，我们也看到科技加速发展而导致人类生存的危机，今天的社会已经成为一个风险社会。技术在加速发展，人类从加工自然转而开始着手加工自己，人类作为一个物种的命运越来越变得不可预测了。一种末日的感觉开始弥漫开来。这时候，我觉得人文教育就变得无比重要了。

另外就是我们的社会在变化和发展。我上大学的时候，你们还没出生，那是20世纪80年代。那时候有个口号叫"学好数理化，走遍天下都不怕"。学文科的被认为是劣等生，文科招生量也极少。在今天，学好数理化仍然很重要，但形势正在发生一些变化。我曾经说过，1949后，中国社会先后经历了三个阶段。解放初期，军队全面接管城市和地方管理，比如在杭州，一直到1980年我上大学时，高校党政干部多半还是"南下干部"。但也就是从20世纪80年代开始，这些军人领导渐次退休了，换上了理工科背景的专家干部。而最近一些年来又有了新变化，文科生在社会管理层中占比越来越高（当然这个文科包括社会科学，而不只是人文科学）。社会是很敏感的，今年高考文科的分数线就明显走高了。我认为这是社会的进步。以后，文理科之间至少会达成一个相对平衡，而不是大家一窝蜂都去学数理化，都去学技术。请注意：我不是要动员大家以后都来学文科，毕竟今天是技术时代，掌握科技者更能顺应时代；但以后在社会管理方面，恐怕人文社会科学的学习者会发挥更大的作用。

再说了，人文教育着眼于完美人性和美好生活的可能性。就此而言（就"人文"的广义而言），每个人都是人文的，读书人更是如此，都是人文的，然则并不是每个人都有自觉的人文精神和人文意识。即便是大学教授们，现在有自觉人文意识的教授也少了，而老一代的学者就要好得多，比如我们同济已故的老教授陈从周先生、朱夏先生等，虽然并不从事人文科学，但人文修养深厚；又如我们现在的汪品先院士，著名地质学家，但写得一手好文章，而且有博大的人文关怀。这就表明，有没有人文精神，其实跟你学什么、做什么没有必然关系，学人文科学的，从事人文科学研究的，也未必就有人文精神。

说到"人文精神"，马上引出一个同样纠缠不清的问题：什么是"人文精神"？它的内涵是什么？凭我个人的理解，我认为"人文精神"有如下三个基本要素：其一是"超越性"，就是说人要有理想，要有宏大的关怀，因为"人文"事关可能性，需要在不断回顾历史、朝向未来的过程中关注当下生活，所以必须有宏大的思路、开阔的眼界和高度的想象力。其二是"批判性"，就是说人要着眼于未来生活的可能性，对历史传统进行不断的重新解释，对当下现实进行强有力的反应。批判是通过否定而达成肯定。只有通过这样一种批判性的解释，历史才可能活起来，我们的生活世界才可能获得定位和定向。其三是"趣味性"，就是说通过人文训练和学习，人要过上一种有趣的、审美的、快乐的生活，无趣的生活是不值得过的。另外，落实到人的能力上，学习人文学科就是要让人获致优美表达的能力，能够有趣地、优美地写作和表达。

"超越性""批判性"和"趣味性"，这是我理解的"人文精神"的三个要素，也是我们的人文教育的目标所在。据此，我个人对于人文科学学生的要求也可以概括为如下三点：其一，脑子清楚，富于想象；其二，勇于批判，敢于承担；其三，表达优美，趣味高雅。我想，有了这样三点，人文科学的意义和人文教育的力量已经得到了显示。

2013年7月27日记于沪上新凤城
2013年8月29日改定于德国柏林

通识教育与专业发展[①]

一、通识教育理念在地方师范院校人才培养中的作用是什么？作为师范院校，进行通识教育的必要性有哪些？目前主要的通识教育途径是什么？

孙周兴：我不是师范院校的教师，所以对内部情况不是太了解。但我想从基础教育的状况来说说这件事。我认为，比起高等教育来，我们的基础教育问题更大。为何？因为基础教育面对的是处于人格和心智成熟过程中的学生，对于我们的小孩们有定型、固化的影响。不像我们当年，到大学里才开始发育或者接着发育，特别在心智方面，多数人是进大学后真正成熟起来的。现在的孩子早熟。等他们到了大学里，差不多已经是成品了，可塑性不大了。所以在这个意义上讲，师范院校就具有无可替代的作

[①] 本文系作者于2014年10月15日下午3点30分在上海师范大学建校60周年人文社科学术活动"通识教育与专业发展"主题论坛上的讲话。

用，肩负着改造基础教育的任务。

基于上述理由，师范院校进行通识教育的必要性就用不着证明了。通识教育理念的核心有二：一是完人教育；二是能力教育。完人教育的理想是由洪堡提出来的，但其实马克思的共产主义理想本身也是一种理想的人性追求。完美人性的塑造是不可能的，但作为一种理想，是必须被设定起来的。与此相关的是能力教育，好的教育要授人以渔而不是授人以鱼。我一直有个说法：好大学的毕业生经常不从事自己的专业，而不好的大学的毕业生多半都在从事自己的专业。这完全有统计数据可以来证明。原因就在于，好大学的毕业生能力强，我指的是自由地改变自己的专业和职业的能力。

目前许多高校在开展通识教育，方式方法不一样。有的成立了通识学院或博雅学院，有的改造本科课程体系，有的开设公共选修课程，等等，总归是在变。但我觉得：第一，把一批学生圈起来做通识，恐怕不是教育的正道；第二，关键是给学生自主选择专业和自由选课的权利，不然所有的改变都只是局部的、不彻底的。

二、"通识"和"专业"之间是否存在矛盾？当今社会需要的究竟是"通才"还是"专才"？大学通识教育与专业教育的矛盾冲突与融合？

孙周兴：通识与专业之间当然有矛盾，但这个矛盾不是自古就有的，也不是不可克服的。首先，所谓的"专业"是社会分工的结果,而社会分工在欧洲大致是近代以后的事。由社会分工导致的"专业"和"专才",无疑意味着个体的人性发展和生存状态的片面化。对社会发展来说,分工是必要的;但对于个体来说,分工是有违人性的。这一点我想用不着多讲。讲现实一点,"通"与"专"还是要做到相辅相成才好。说得狡猾些,好的专才应该是通的,而通才也需要有专门的深入。"专"让人深入,而"通"为深入提供助力。另外,20世纪以来人类进入网络时代,进入"普遍交往"时代,这时候,我个人觉得,社会越来越需要通才了,因为我们今天所碰到的事情具有越来越多的公共特性,我们要讲的话也具有越来越高的普遍性要求。

三、大学通识教育的内涵、意义是什么?大学通识教育的出路在哪里?

孙周兴: 我不是教育专家,对大学通识教育问题考虑得不算太多,但好歹也能说上几句。首先,我认为我们应该把通识教育想得宽泛些,通识教育首先意味着宽口径的培养,努力消除因专业分得过细而造成的受教育者畸形发展的状态。我记得特别是20世纪90年代初,很多大学日子不好过,于是高校里办了一些细小的实用类专业,比如"旅游学院""饭店管理"之类的名堂,我碰到过几个学生,学饭店管理的,感觉极无聊,因为有好几门课,课名不一样,但内容是一样的,年年都要上。现在这种情况有所好转,比如硕士招生,许多学校都采取了一级学科统一招生的办法。这无论如何都是一种进步。其次,我认为通识教育的核心是人文通识。原因在于，人文科学关乎人性塑造和人格培养，简言之是直接关乎人本身的，所以是通识教育的核心所在。

至于大学通识教育的出路，我前面已经说了，关键在于自由，即要给学生充分的选择权，让学生们自己来决定要学些什么——当然适当的引导和指导始终是必需的。

四、在专业发展的过程中，可否预测下通识教育未来的发展趋势？

孙周兴： 好吧，我来预测一下未来。1. 人文科学的时代到了。1949年后，中国社会经历了两大阶段，现在似乎进入第三个阶段了，即文人领导阶段。这是社会发展所要求的。所以就在最近几年，学人文科学的人越来越多了。国外也一样，据英国的统计，学习人文类专业的青年人数快速增长。这是好事。与此相应，人文通识教育也将获得更多的重视。2. 艺术学与政治学将在未来学科体系中成为基本学科，因为两者符合时代文化主题的变迁。3. 人类将走向大同，科学（人文、自然科学）也将走向整合，故通识教育的地位将在大学里得到显著提高。

2014年10月12日记于同济

人文研究的整体意识与未来使命[①]

各位同学,下午好!本院建院六年以来,第一次开全院研究生大会。大家不要生气,因为在我们学院,不但研究生不开会,本科生也不开会,老师们也少开会——老师们大概每学期有两次大会,开学一次,学期结束一次。少开会是我的主张,基本想法是:少见面,见面时就比较亲热;大家经常见面,难免不待见,生出种种是非来。但现在想来,不开会、不见面也有点问题,比如我跟在座许多同学甚至就不认识。有时候,有的同学在电梯里问我好,我假装也认识他/她,说"好,好",但其实并不认识他/她——这种情况显然是不好的。

于是我对自己说,今天这个机会一定不能浪费掉,一定要跟大家讲点什么。讲点什么呢?我想就来讲讲研究生如何做研究。

[①] 本文系作者于 2012 年 12 月 4 日下午在同济大学人文学院全体研究生大会上的讲话。

研究生是做研究的,这一点不容讨论。其实按照德国教育家洪堡的说法,连本科的大学生也是研究者。大学里都是研究者,更何况"研究生"了。在座有硕士研究生,有博士研究生,在要求方面有差别。按现在的一般做法,人文学科的硕士研究生要完成一个体量不大,甚至较小的课题,大概要写成 3 万字的学位论文;而对博士研究生的要求要高得多,要研究一个中等以上大小的课题,大概要完成一篇 10 万字以上的学位论文。硕士论文通常不要求发表,现在学校硬性规定要每个硕士生发表一篇文章才能毕业,实在是一个不当的、无理的要求,弄得大家只好交钱在一些垃圾杂志上发表多半没有什么意义的垃圾文章,可以说是"谋财害命"之举,也是对森林资源的浪费。相反,博士论文通常要达到公开出版的水准,我校规定,博士生毕业前必须在 A 类杂志上发表一篇论文,我认为这是比较恰当的规定。博士论文的要求表明,你要把课题做到这样一个份上,就是通过课题研究站到了学术前沿位置,以至于别人说到某个领域、某个题域,就会说:噢,谁谁的博士谁谁做过这个题目。到这一步,你就算成功了。

无论是硕士论文还是博士论文,都要求研究生在导师指导下确定一个课题,然后进行专题研究,最后独立地写成一篇规范的论文。这整个过程是研究生阶段最重要的训练,你课程成绩有多好都不顶用,关键是课题研究和写作方面的训练。有这个训练和没有这个训练是大不同的,有了这个训练,你就会有独立研究的能力了,毕业后即使不再做研究,也能独立地处理别的事务了。做事的道理是一样的。有的研究生把论文当儿戏，总想着蒙混过关、早早离校，有的还东拼西凑，甚至干脆抄袭人家的。这样做，实在是枉为"研究生"，也对不起这个人生很重要的阶段。

我在上面故意强调了"专题""独立"和"规范"，这三项其实已经说出了研究生做研究的基本要求。谁都能听懂的，我就不展开了，但这里要强调一下"规范"，特别是学术道德的"规范"。刚才刘日明教授已经讲了这一点，我还得说说。学术研究这个行业有特别严苛的规范要求，不抄袭只是最低的要求。文章千古事，白纸黑字是赖不掉的。这里我愿意跟大家讲一个故事：有一位女博士已经毕业十几年了，已经当上了某个大学的特聘教授和学科带头人，连她的导师也早已经退休了。她十几年前在一本杂志上发表了一篇文章，十几年后，有一个根本不相干的人（甚至不是这位女博士的专业同行）居然来举报，说这位女博士的这篇论文抄袭了国外某个杂志的某篇文章。这时候我是这家杂志的主编，我得处理这件跟我毫不相干的事呀。这位女博士也算可怜，我们的编辑打电话过去，她当下就哭开了。她怎么也没想到，事情已经过去了十几年，她自己都忘了自己干过的不良勾当，居然现在被揭发出来了。同学们，喏，这就是文字和文章！

我们做研究也是一个熟悉规范的过程。这事本来用不着专门教导，引文要怎么做，注释要怎么做，参考文献要怎么做，你自己看着、读着自然就会了。但现在学风日衰，学术不端行为常有发生，我们不得不来强调一下，以便同学们加强这方面的自觉意识。

到此为止，我们实际上还没有真正说到今天的主题：研究生要如何做研究？不过这个主题也不好说，我这里只想提几点建议，仅供大家参考。

首先我想说的一点是，各位要理解人文学科的整体处境和使命。人文科学在德语中也叫"精神科学"，显然是指关照人类精神生活的学问。我们国人的理解通常就是文史哲，但在欧洲，一般是把哲学、历史和神学放在一起，构成"精神科学学院"，也就是我们的人文学院。这个我们不去管它。大家知道现在人文科学的日子不过好，原因其实只有一个，就是受到科技（以及工商业）的不断挤压。一是方法上的挤压，现代人文科学一直在寻找自己的独立的方法，若没有方法上的独立性，那么人文科学的存在就会出问题，恐怕连合法性也成了问题。二是利益上的挤压，人文科学因为离商业较远，或者说没有直接的商业和利益诉求，所以被认为是"冷门专业"。这一点以中国为最，改革开放以来都是理工专业的人士在管理这个国家和社会。不过，看起来情况也正在发生变化，最近的一个报道是：这次中共十八大新产生的中央委员会，九成中央委员是文科出身的。我认为这是改变的一个重要标志。为什么？偏重商业的社会风气导致对人文科学价值的低估，但实际上文科出身的人士或者有文科意识的人士（不一定经过专门的文科训练）是有明显的优势的，在眼界、格局、思路和方法等方面都要胜于技术类专业人士。我们待在这个以工科为重的学校里,最痛苦的一点就是管理层的大部分同志是强势工科专业出身的,这些同志未必不好,相反往往是好同志,但多数眼界和格局偏小,只知道实用和商业的逻辑而不知道人类知识和文化的大局。像哲学、文学这样的学科,经常在我们这儿被认为是无用之学。各位想想,说人文(精神)科学没用,意思不就无异于说:人类精神是没用的,我们人跟猪一样?所以我们可以看到,技术、商业对于人文科学的挤压也是对人性的压迫;而人文科学的顽强存在本身也是一个象征,标志着人类精神尚存,表明人类毕竟还有跟猪不一样的地方。就此而言,我们在,我们在这儿,就是一个伟大的事件。

其次,我想建议同学们,要了解本学科的总体形势,要有全局的学科意识;进而还要突破学科的边界,形成跨学科的意识。各位都在二级学科上读研究生,但是一定要有一级学科意识。比如现在做中国哲学的,如果不研究外国哲学,我认为就比较可怕了,因为现代汉语哲学本身是具有翻译性质的;反过来也一样,如果做外国哲学研究而不了解我们母语的思想文化传统,那是不可能做成功的,因为我们的经验和感受都是由母语和母语文化来烙印和支撑的。我甚至觉得要突破一级学科或门类的限制,比如现在做哲学,如果没有艺术、文学的背景,肯定是不成的;而现在做文学,如果没有理论、没有哲学,那肯定是瞎胡闹,顶多制造一些读后感、观后感之类的轻佻东西,而讲不出文学的真正道理。我特别愿意建议我们哲学专业的研究生多接触些艺术和文学,我们的感性是由文学艺术来塑造的,而没有感受力的人是不可能把哲学落到实处的。我经常见到这样的同学，把康德、黑格尔搞得蛮熟，弄得比康德还康德，比黑格尔还黑格尔，你让他/她谈谈康德、黑格尔，他/她会搬出一套概念系统，把你搞得云里雾里，也不知所云。为何如此？我认为主要是没有自身自主的感受力，不知道把抽象的说理化为生动的生命经验，更不知道理解某种哲学、某种学说的动因。

最后我想说的是人文学术研究的未来意识。人文科学本质上是指向未来的，是指向可能性的。可能性高于现实性，这不仅是一个古典诗学的命题，也是一个现代哲学的命题。原因是，人是一种向未来开放的动物，是一种以 Existenz（实存/出位）为重的存在，对未来的筹划在人的世界筹划和精神生活中占据着核心地位。因此，人文科学的研究要有未来意识，哪怕是思想史、文学史的研究，若不以未来关怀为指向和动力，就将失去研究的基本意义。各位知道同济校长裴钢教授现在力推"可持续发展大学"的理念，我在具体的做法上对此持一定的保留态度，比如学校非要我们搞一个"可持续发展人文社会科学研究院"之类的机构，我认为就有点夸张了。但在基本理念上，我是同意裴校长的想法的，就是大学要体现一种指向未来的思想使命，而不是把大学搞成一个商业机构。

据说再有十几天就是"世界末日"了，是真是假还不知道，反正有人已经在造"诺亚方舟"了。这个且不去管它。如果我们设想，所谓的"世界末日"之后我们还在这个世界上，在座各位还在同济大学人文学院，那么，我们仍旧面临着"世界末日"般的问题,就是如何应对由技术工业带来的人类生存危机以及同样由技术文明造成的人类精神生活的重大变局,一是人类的前途,二是个体的安身立命,都是我们人文科学研究者的关怀所在。

2012年12月6日记于井冈山大学学术交流中心

守护人文教育理想[①]

一、开场白：大学与中学

很高兴来同济附中。我在各地做过一些学术报告，但跟中学老师们在一起交流还是少数，所以今天对我来说是一个难得的学习机会。说实话我也比较紧张，因为现在的大学教师听起来不错，其实空虚得很。让我们来教中学和小学，未必是灵光的，说不定是要误人子弟的。我女儿就十分看不起我，总说："这个爸爸，哼！"这话还要追溯到她上幼儿园时，有一天她问我拼音方面的问题，我答不上来，就被她"哼！"了。后来她还经常纠正我的汉语发音。大家已经可以想象我作为父亲的地位了。我女儿不了

[①] 本文系作者于 2008 年 3 月 28 日下午三点在上海外国语大学附属双语学校做的报告，2008 年 12 月 5 日下午三点半在同济大学附属第一中学重做一次。本文有关洪堡教育思想的内容，难免与第一章第一篇文章《威廉姆·洪堡的大学理念》有部分重复。

解她爸爸的苦出身。因为出生在农村，我从小没机会好好读书，小学和中学的经历都很悲惨。上的小学只有一间房、一个老师，这个老师自己也不会拼音，是用绍兴土话教课的。后来我也是歪打正着考上了大学。所以我说不好普通话，各位得有一点同情。

此外我还以为，现在大学与中学少有往来和交流的情况是不对的。从前在鲁迅、朱自清那个时代，情形是完全不一样的。当然我们也知道，跟新中国成立前相比较，现在教育发展了，体制上更加严密了。但我们今天的设计是有一些不良后果的，不良后果之一，是中学与大学的严重脱节，以至于中学生进了大学，往往得有较长时间的适应期，等适应好了也就快毕业了。所以，我十分赞成北京大学钱理群教授的主张：大学教授应该到中学里教教书，而反过来，中学教师也应该到大学里去教教书。这样对双方都有好处，有利于中学与大学之间的沟通和衔接。钱教授自己以身作则，退休后经常到中学里上课。钱教授又补充说，大学教授到中学里最好讲点选修课，中学里的骨干课程还得由中学教师们自己上。这些都是对的，我非常赞成。在这里也希望，我们同济大学人文学院能够与贵校有经常的合作和交流。

二、哲学与教育

我从事的专业是哲学。社会上对于哲学主要有两种偏见：一是说哲学就是政治，有好几次不相干的人问我做什么的，我说研究哲学的,那人就说"噢,搞政治的";二是说哲学就是玄学、空想之学,是不着边际的无用之学。有了这两点,所以我们现在的哲学本科就没有考生了。我们哲学系的处境有点反常,是颠倒过来的情形:本科考生最少,硕士考生还好,考博士的成年人最多。每年只有2—3人第一志愿报考我们的哲学本科(全国都差不多),而2008年竟有19人报考我的博士生(在简章上,我只能招一名博士生)。我认为,这是由我们的教育制度,特别是统一高考制度造成的不正常现象。

我上面讲社会上对于哲学的两个偏见,从根本上讲,如果我们对"政治"和"玄学"没有什么偏见,那么,这两个偏见也就不是偏见了,而是实情。哲学是讲道理的学问,而且是讲大道理的学问,所以是无用之学。哲学首先要讲社会的大道理,而社会的大道理无非政治,至少在很大程度上是政治,就此而言,哲学就必定是政治。其实哲学什么都不是,又什么都是。比如我们在座的都是搞教育的,我们待在学校里忙忙碌碌,容易忘掉教育制度设计背后的东西。实际上任何一种教育制度的设计背后都有一种哲学,任何一种教育方式和教育体系都是以某种哲学思想为基础的。反过来自然也可以说,任何一种哲学都含着一种教育理想和教育动机。哲学与教育当然是相通的。

我随便举个例子。大家知道欧洲第一个大哲学家叫柏拉图,他用自己的哲学学说(理念论)构造了一个理想社会制度,叫"理想国",在这个制度里面哲学家是国王,因为哲学家最具理性,也能够教育其他公民明事理、各守其职。这个理想国的制度设计同时也是一个教育理想,也是教育制度的设计。比如当时柏拉图就说,小孩子出生以后都要集中起来由国家来抚养和教育,因为并非每一个父母亲都有能力和资格教育小孩。如果碰巧是个不良的父母亲,教不好,岂不害了一个小孩?这对于国家来说当然是不好的。

还有教什么,柏拉图也有自己的观点。柏拉图自己也写过诗,但他特别讨厌诗人。为何呢?原因就在于他认为诗人和文艺对于国家是有害无益的。当时哲学刚刚发展起来,在它发展起来之前,希腊人的教育材料是文艺,主要是史诗和神话。这东西是好的,但也很要命。我们知道希腊神话有两个主要特点,一是神人同形,就是说诸神都跟我们人一样,诸神也干凡人做的偷鸡摸狗的勾当,比如偷盗、通奸,等等;二是多神,也就是主张多元,不像后来的基督教是一神论的。这两点对于国家公民的教育都是不妙的。所以柏拉图主张驱逐诗人(艺术家),要由哲学家来统治国家。

三、人文教育理想

今天报告的主题是人文教育理想。最近几年里国内学术界对于大学人文通识教育问题讨论极多,开了不少会,发了不少文章,而且一些大学已经开始实施一些改革方案。大致的想法是:国内大学本科教学一开始就细分专业是不对的,从历史上讲是沿袭了原来苏联的教育模式，十分要不得；应当强调宽口径的基础教学和通才教育，特别是人文通识教育。不少大学推出了自己的方案，比如我们同济大学在课程设置上构造了所谓的"平台课程"，即以大类（文科、法科、理科、工科等）构造教学平台，并加强学校面上的人文通识选修课程。我们人文学院做得更彻底些，在前两个学年实施不分专业的通识课程教学，我们设计了12门课程，主要包括贯通中西的文史哲课程，有通史课，也有经典阅读课，差不多各占一半。这方面的工作还在实验阶段，值得研究和讨论的地方很多。

反观人文通识教学的改革实践，我们会看到其中的教育理想实际上早就有了，而且是由德国伟大教育哲学家威廉姆·冯·洪堡提出来的。洪堡对于现代教育影响巨大，是德国现代大学精神的奠基者，而且对于中国现代大学有着最重要的影响，北大老校长蔡元培先生的办学主张，就是从洪堡那里来的。

洪堡早年的时候既想当哲学家又想当文学家，弄到40岁也没成什么气候。不过这时候他终于认识到了，自己既不是当哲学家的材料也不是当文学家的材料，两方面均无大才，比不上大哲人康德和大诗人歌德。于是他决定去当官了，当了普鲁士内政部文化与公共教育司司长，主管教育事业，只当了十几个月，主持创办了柏林大学。然后又去当了外交官，几年后辞职，这一辞不得了，欧洲多了个语言哲学家。洪堡后半生专门从事语言学研究，学了二十几门外语，成为历史上最伟大的语言学家和语言哲学家。

洪堡的教育思想的核心是完人理想。洪堡认为要搞教育必须先了解人的本质，弄清楚人是什么，尤其是要弄清楚什么是理想的完美的人。什么是"完人"呢？洪堡的想法是很辩证的。他认为人性中有三个"基本矛盾"，即自由与规律（必然）、想象力与思辨力、个人与民族（群体）。这是三个"对立面"，必须统一起来，才有和谐完美的人性。有没有这种"完人"呢？洪堡说，只有古希腊人。古希腊人创造了人类历史上第一个民主制度，即城邦民主制度，也懂得规律或者说合规律的自由；古希腊人以惊人的想象力创造了伟大的文艺，又精于哲学思辨，具有纯粹科学的独特天赋；古希腊人富于个体性，又懂得尊重群体和民族的共同价值。上述三个方面在伟大的古希腊人那里达到了最佳的结合。

洪堡的这种人性理想属于古典主义，是古典人文主义的理想，也是德国古典哲学时期的基本精神倾向。德国人一向推崇古希腊文化，而且自认为德意志是与希腊本源最亲近的。马丁·路德在推动德语标准化过程中，显然特别地模仿了希腊语，我们在现代德语的语法和构词法中都可以看出这一点。到尼采那里，事情就更夸张了。尼采甚至说：希腊人发现的可能性今天已经被掩埋了，而希腊人没有发现的可能性今天也没有被发现。这算是一句狠话了。

基于上述古典人文主义的理想，洪堡开始设计德国教育体系。他首先倡导建立了德国特色的"高级人文中学"（Gymnasium）。这种中学的设立是上述古风倾向的最后表现。在这种中学里，学生们必须主修古典语言（古希腊语、拉丁语）和古典文化课程。

洪堡的目标是通过古希腊语文和古典文化教育，培养出类似于希腊人的德国人，使德国人变成"完人"。

高级人文中学是洪堡教育制度设计的一个方面。洪堡设计了一个完整的教育模式，他认为教育在外部组织制度上应该体现整体性和统一性，把"学校教学"与"大学学习"加以贯通。洪堡的"学校"只是指高级人文中学。大学不是"学校"，而是研究机构，在大学里只有"受指导的研究者"（学生）和"独立的研究者"（教授）。

洪堡这些想法看似平常，其实含有深意。按照他的想法，我们前面讲的大学人文通识教育，其实是要在学校（中学）里完成的，而不应该在大学里搞。大学只是研究的场所。最近一些年来，国内开始提倡所谓的"研究型大学"，以洪堡的观点来看就有点搞笑了——大学本来就是研究机构，还用得着提倡吗？

如上所述，洪堡教育思想的基础是德国启蒙运动时代形成的人性观念和人类形象。这种观念是古典主义与理想主义的有机结合。洪堡因此坚持一种旨在充分发展人的个性的教育理念和信念。在他看来，素质、个性、修养是教育的第一要务，而知识、技能、专业则在其次。特殊（专业、职业）教育是简单的、束缚人的，只要实施了人的全面理想教育，人成为一个有信念、个性、教养的人，则他就能获得充分的自由，甚至转行、更换职业的自由。

洪堡的人文教育思想主导了德国教育近两个世纪，在今天仍然有重要影响。不过，进入20世纪，洪堡的思想不断受到质疑。

有人指出，洪堡的教育思想使五代以上的德国人缺失了与世界现实的联系，这种指责当然是实务教育时代的声音。

综上所述，伟大的德国教育哲学家洪堡为我们提供了三个基本的教育理念：完人教养、整体教育、个性自由。完人教养（古典理想）是教育的终极目的和使命。整体教育是制度上的设计原则。而个性自由发展则是教育实施过程的基本原则。这些想法都是十分哲学的，在今天也不算稀奇了。但在今天这个实利至上的时代和社会，洪堡的人文教育理想仍旧构成一种警示。

四、人文教育的基本问题

最后我想谈谈现在所谓的人文通识教育的基本问题。如我们所讲的，人文教育问题绝不只是大学的问题，按洪堡的想法，倒首先是中学要解决的问题。甘阳教授曾清理了中国大学人文教育的七个问题。如：大学与中学的关系、本科教育与研究生教育的关系、人文教育与职业教育的关系、文与理的关系、人文科学与社会科学的关系、西学与中学的关系、通识课程设计的问题等。这个总结很好。在今天这个场合，我个人要强调的是三个问题。

首先是人文教育的意义问题，即我们今天如何来确认人文教育的时代意义。我们这个时代是科技—实利—物质的时代，人文学科受到压抑、冷落和排斥。但我们也看到科技加速发展而导致人类生存的危机，社会已经成为一个风险社会。人类历史上从未有过今天这样一种"危机""完蛋""终结"的感觉。那么一种反思的、批判的、纠偏的力量从何而来?人文教育能够担当这种任务吗?再者,教育的理想和目标到底是什么?难道我们不是应该像洪堡和马克思所说的,造就全面发展的理想的人吗?我们说"理想",首先就是人文理想,没有理想,人不是跟猪猡无异吗?

其次是人文教育的内容问题,特别是中学与西学的关系问题。这是个大问题。近代中国文化的中西之争难题必然会在人文教育中表现出来。我们今天的教育制度是西式的,包括专业设置、课程设计的主体都是西方的,我们的教育方式主要也是西方的。关于人文教育,我们就面临一个内容选择的问题。无论哲学、文学、历史、艺术等,都有一个中国与西方的问题。以谁为主体?西方文化抑或中国传统文化?或者两者均分?我们同济人文学院在设计院内平台课程和面向全校的人文通识课程时采取了一个中间姿态,但问题仍旧存在。

最后是制度设计的问题,特别是中学与大学的关系问题。我觉得仍旧用得着洪堡所讲的整体教育。这里有合理分层和分工的问题。人文教育的哪些部分是应该在中学里完成的?哪些是应该在大学里完成的?两者的比例如何?两者如何衔接?这些都是需要我们思考的课题。但无论如何,我们中学教育最大的问题是应试教育。不改变统一高考方式,什么都还谈不起来。大学只好花时间来补学生的人文素质教育。

这三个问题在我看来是人文通识教育的基本问题。在这里也希望得到各位的指教,毕竟这是整体性的难题。

只有真实的生活才可能是稳靠的和快乐的 ①

各位新同学，各位老师，大家早上好！今天是一个好日子，原因有几条：其一，各位是我院建院 70 周年、复院 10 周年之际进校的学生，时机特别好，也是我们搬到这幢新楼以后迎来的第一批新生。搬入新楼意味着我院的办学条件改善了，比以前好多了。其二，我院第一次实现了我们设想的招生计划。今年我们招了 96 位本科生，101 位研究生，其中 29 位博士生，72 位硕士生，基本上实现了我几年前提出的目标，就是：每年招 100 名本科生，100 名硕士生和博士生。人多总归是兴旺的表现。其三，你们进校才三四天时间，就经历了两位校长，原来的校长裴钢教授刚刚给你们讲完话，新校长钟志华教授就来了。四天两校长，谁有这么好的运气呢？我到同济工作 14 年了，也只是经历了四个校长

---

① 本文系作者于 2016 年 9 月 8 日上午 9 点 30 分在同济大学人文学院开学典礼上的即兴讲话（迎新致辞），事后记录，但只记了个大概。

而已。还有，再过十天八天的，我们学院院长也要换了，本人也要被免掉了，新院长其实已经坐在下面了，是这位年轻有为的叶隽教授。本来我们想在校长更换前把这事办了，也省得我今天来致辞了，但因为某种外部的技术原因，竟被校长们抢了先。

刚刚我讲了今天是个好日子，但我们这个时代却未必特别让人放心。我们这个时代差不多是"乱、虚、急"的时代，一个乱哄哄、空洞洞、急吼吼的时代。今年7月我住在德国柏林，22号慕尼黑恐怖袭击，23号一大早我就收到一位法国老朋友的微信：别在欧洲乱跑了，快点回国买点小酒自己喝去吧。德国是我一直认为相当安定和安全的国家，但当时一周内发生多起暴力恐怖事件，谁不紧张呀？出门都提心吊胆、东张西望的。其实从去年开始我就感觉不好了，去年2月在从德国到法国的路上，我和太太的钱包全给偷了——你偷就偷，给我们留下一个好吗？或者，帮帮忙，把证和卡留下好吗？

中国似乎要好些，但也有一些十分不好的情况。据我所知，今年中国大学的新生中，被电信诈骗的不在少数，这好像是往年不曾有过的。在座各位不错，没有上当受骗，相信大家也不至于如此脆弱。我自己经常不敢接陌生电话，这几天有个电话是山东临沂打来的，老是打，我就是不接，后来心想打电话的人这么坚持，不一定是骗子吧？接起来，才知道是给我送快递的，是印刷厂送来的几箱新书。快递公司说："先生帮忙啊，我们的车子绕你们同济三圈了，你就是不接电话。"我说："我以为你是骗子。"

至于"虚"，我不知道怎么准确地描述。总的来说，我们今天的人类生活越来越虚空了,"虚拟与虚无"已经是当下人类生存状态的基本标识。前两天女儿问我:"啥叫'虚拟时代'呀?"我也不知道怎么确切地跟她说。想了想,最后我说:"我们以前没事干的时候可以数钱啊,数钱多快乐呀?厚厚一摞,感觉多好,多有质感,但现在我们连这样的快乐也没有了——这就是虚拟时代。"

还有就是"急"。我想各位都能体会到。尤其在上海这样的大城市,每个人行色匆匆,弄得都是总理或者老板似的,急吼吼地说话,急吼吼地办事。大学应该是最宁静的场所,现在也成了热闹无比的地方。今天技术的发展越来越清楚地表明:人类正在加速度地走向一种新状态,可能是一种非人的状态。但真要这样,也不用如此拼命和急躁吧?

在这样一个纷乱、虚空和急躁的时代里,人文科学是可以派上用场的。去年的迎新大会我没有赶上,让刘日明教授代念了一下我的迎新祝词,题目叫《历史的、批判的与未来的人文科学》,现在网上还可查到。这是我对人文科学的特性的基本规定。今天我不想重复这种讨论,而只想进一步来说说人文科学的好处。我也把它概括为三点:好脑子、好趣味和好表达。以我的这种理解,人文科学可以说是"三好学问"。

脑子好使这事情太重要了。据说现在人群中的精神病患者的比例是相当高了,而且有越来越高的趋势,所以我们要在人文学院建设一个心理学系,专门给人看心病的。当我说人文科学具有历史感、批判性和未来性时,我是想表明人文科学是一门整体性的学问,把人类的过去、当前和将来都关照到了,把古今中外的文化和思想方式都考虑到了。只有在这样丰富而多样的思考基础上，才可能有好的脑子。脑子不好，是因为偏狭而没有宽广的视野、固执而没有自由的思想、直向而不会转弯。记得以前有个搞工程的领导，人还蛮好的，但到我们院里，说到哲学和社会学的学科建设，就指示我们以后要以"汽车社会学"为重点。我当时真想把他赶出去。

其次是好趣味。平常我们像猪一样活着，平淡而无趣，当然也不错，也没什么问题。技术商业机制的运作更加重了人类日常生活的平均和同质。这时候，强调个体异质性和特殊性的人文科学，却能为我们的生活增加一点亮色和趣味，让我们感觉到人类文化不一样的可能性，人类生活中不一样的意义——这又何乐而不为呢？好趣味难得，越来越难得，幸亏我们还有艺术，还有文学，还有哲学在。

最后是好表达，也就是好好说话和优美写作的能力，我以为主要也得靠人文科学来培养。在今天这个普遍交往的时代里，我们经常要感动，也经常需要打动别人。如果一个人既不会感动，也不会打动别人，那么这个人差不多已经到了自闭和抑郁的状态，就有点危险了。如何感动、被什么感动，大概是一个趣味问题；而如何打动别人则是一个表达问题。人文科学的学习和训练，根本上也是一个对表达的训练。

好了，我已经说太多了。好脑子、好趣味和好表达，是人文科学的意义和好处所在。各位来到人文学院，不论出于什么动机，都得先来想一想：什么是人文科学？在今天这样一个普遍非人文的时代里为何要学人文学科？以上是我给出的回答，也是我经常愿意重复的，可供各位参考。

最后我想说的是，无论人文科学有什么用场，或者无论我们对于人文科学有什么期待，好的脑子也罢，好的趣味也罢，好的表达也罢，关键却只有一点，就是要追求真实。我这里故意不说"真理"而说"真实"。"真理"也许太高、太大了，因此经常不可接近，我们也经常走向它的反面。多少虚假和谎言顶着"真理"的美名？"真实"却可以是具体、细微的，是时时要在生活的细部来体会和实行的。在今天这个"乱、虚、急"的时代里，真实尤其难得，也尤其难守。我们常常处于政治和理论的谎言中，我们也常常要面对科技专家们为我们提供的相互矛盾的判断，今天的专家们一会儿说智能机器人马上要消灭人类了，一会儿又说人类马上能克服衰老基因，就要长生不老了，我们因此经常不明真相、不知所措、仓皇不安，这时候我们就需要反思，需要批判，需要重新定位。我想，在这个时代里，人文科学能够带给我们的，正是这样一种追求真实的精神定力。

追求真实，做一个真实的人，这听起来容易，其实却是一个很高的要求了。但不论多难，我们都得为此而努力，因为我想，只有真实的生活才可能是稳靠的生活，也才可能是快乐的生活。

谢谢大家，祝福大家。

2016 年 9 月 9 日晚记于青岛

第五章

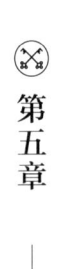

未来之学

Chapter 5

在人文与科学之间①

很高兴见到各位新同学！我每年都要参加迎新大会，差不多每年都要讲话。曾经有一次，我参加我们学校的研究生迎新大会，代表全校导师讲了个话，当时校长讲完后我讲，后来这个讲话被整理出来了，发布在校报上，也放在我的博客上。这个讲话在网上好像有些影响，各位同学可以查一下"孙周兴的博客"，文章题目叫《同济人要有天下情怀》。当时我就讲了三个问题：什么叫同济？什么叫大学？什么叫研究生？这些都是新同学们要弄清楚的。但我这里不能重复，今天还得讲些别的，讲讲"人文与科学"。我就讲三点。

第一，同济人文学科是一个特殊的存在。 我们人文学院楼旁边是土木学院楼，是全国头一名的一个学科，是目前我们学校最

---

① 本文系作者于 2018 年 9 月 7 日在同济大学人文学院迎新大会上的致辞，根据录音整理而成。

牛的学科，社会上一说同济，总是说"土木建筑"。但土木属于工学门类，是一个一级学科，而我们学院呢，有哲学、文学、艺术学、教育学四大门类，一级学科学位点也有四个，就学科而言我们应该是同济大学"最大的"学院。可我们目前还只有八十几位老师，可能只有土木工程学院的三分之一或者四分之一。这是我们的旁边。人文学院楼的对面是中德学院大楼，大家知道同济大学最早是德国人办的，德语和德国传统一直是我们学校的一大特色。我们的斜对面则是医学院大楼，大家知道我们学校最初叫"德文医学堂"，医科是我们本来的特色，新中国成立前民间有个说法，叫"北有协和南有同济"，也表明同济当年的医科很厉害的样子，很遗憾我们的医科后来被搬到了武汉，成了同济医科大学。这样看起来，人文学院今天这个位置很重要，是历史与现实交会之处。在土木、德国、医学之间，在传统与现实之间，同济人文学科是一个特殊的存在。

再说同济人文学科的历史，是一个更加尴尬的故事。刚才刘日明院长说了，同济大学文学院是在1946年成立的，同济哲学系是上海第一个哲学系。当然跟北京大学不好比，北大哲学门是在1912年设立的。我们是1946年，遗憾的是只存在了三年，到1949年同济大学的文科就被关掉了。这一关就关了半个多世纪。一直到2002年，我来同济工作，在座老师当中，大概只有刘日明教授比我来得更早些。我来了以后开始重建哲学系，到2006年又恢复了人文学院的建制。2016年我们庆祝了人文学院建院70周年，心里是相当不安的，因为我们也知道，我们学院实际上只有十几年的历史。

16年来,我们从无到有,渐渐形成了今天的学科格局,我们现在有哲学、中国语言文学、艺术与文化产业、心理学四个系,加上欧洲思想文化研究院和历史学研究所。现在我们有哲学一级学科博士点,哲学、中国语言文学、艺术学理论、心理学四个一级学科硕士点。前不久新校长来我们学院调研,我不在,据说他深感奇怪和担忧,这么多学科这么少的教师,这个配置怎么能做强、做大?我觉得我们的新校长脑子很清楚,他说我们学院至少还要增加100名教师。我们现在确实人太少。

当然我们的学生越来越多。建院之初我们设定了一个目标,每年要招100名本科生和100名研究生,没想到我们很快就达到了目标,今年招了89名本科生,88名硕士生,35名博士生,总量超过了我们原来的计划。这个我觉得也不是太对,本科生应该更多一些,硕士生在其次,博士生更少些,这样才能形成一个金字塔结构,现在我们是倒过来的结构,本科生少,我们以后到哪儿去招研究生?

我经常说一句话:我们同济大学最近十几年来最大的变化是文科的发展,尤其是人文学院的出现。人文学院出现后,同济校风慢慢有了改变,变得越来越有人文气息了。大学是一个多学科共生的组织,人与人是会相互影响的。但这种共生和影响的形成过程是缓慢的,也是不无痛苦的。最初的时候,学校里好多人理解不了,问我:"同济为什么要办不会赚钱的专业呀?"今天大概这样的疑问就比较少了。这就是变化。在这个意义上我们也可以说同济人文学科是一种特殊的存在。这是我想说的第一句话，大家慢慢得体会这一点，无论你是本科生、硕士生还是博士生，你都要问一问，在同济，人文意味着什么。

第二，如何理解技术时代的人文处境？ 刚才讲的是人文学科在同济的处境，我们看得更广大些，要来看看技术时代人文学科的整体处境。欧洲近代文化史差不多是人文与科学之间的斗争史，两者一直在斗争。欧洲人在文艺复兴以后把古希腊传下来的形式科学与实验科学结合起来，开创了工业文明，过上了好日子。这个时候欧洲人的想象力就出来了，说我们既然可以把自然和物理世界搞定，我们当然也可以用科学的方式把人文的事情搞定，也就是把人文和人类精神事务一样数理化，这就是所谓的"普遍数理"的要求。所以从近代以来，人文与科学一直处于紧张关系中。

这个斗争史延续了几百年，人文学科差不多是节节败退，有一种"空心化"走向。一直到20世纪中叶，技术的全球统治地位终于得到了确认。1945年8月6日，原子弹在日本爆炸，地面温度达到6000℃，在几秒钟之内20万人没了。这是作为自然物种的人类无法想象的，我们凭着自然人的想象力无法接受这一点。所以说原子弹爆炸对人类文明有着标志性的意义，这个意义就是说：我们人类进入了一个巨大的转折时期，即自然人类的文明转向技术文明了。这是一个文明大变局。于是问题又提了出来：人文学科怎么办？

在前述的近代文化史上，人文学科一直受到技术工业的挤压，越来越萎靡不振。许多问题领域本来属于哲学和人文学科的，渐次被划归自然科学和技术科学了。大家看啊，今天的全球文明是由什么决定的？我认为主要是自然科学中的四门基础科学，即数理化生。现代人通过物理学制造了原子弹以及发展了后来的核电；通过化学（化学工业）制造了今天无处不在的构成人类生活环境的化工产品；现在大家热议的人工智能，当然涉及好几门学科，但其核心和基础是算法，是数学；再就是生物学，现在生物技术特别是基因工程突飞猛进，正在深刻地改变人类身体和生命。

科学技术带来福祉，也造成灾难。但到目前为止，我们还不得不承认科学技术为人类带来的福祉居多，我们似乎没有理由简单地反对和抵制科学技术。1900年我们人类的平均寿命是三十几岁，现在平均寿命已经到了七十几岁，未来还将进一步延长。这当然是在技术帮助下的人类寿命的延长。在某种意义上讲，现代技术正在完成我们传统的人文科学所梦寐以求要解决的问题，那就是长生或永生。传统哲学、宗教都在思考和追求长生或永生。这是人类自古以来的梦想。中国古代有炼丹术，杭州西湖边的葛岭上有一处，是葛洪炼丹的地方，一般是吃了就死，死了不少皇帝。皇帝因为是老大，想要什么有什么，后宫佳人也多，最不想死，所以要吃长生不老丹，但吃了就死，死了还吃。欧洲也一样，也有炼金术。各民族的宗教呢，最后多半构造一个"来世"或"彼岸"，说那里才有永生。但我们知道这样的信仰也是越来越少了。现在这事似乎正由技术来完成，美国谷歌公司已经成立了一个长生、长寿公司，公司总监说我们人类将会活到500岁。有人问他："你活到500岁有什么意思啊？不无聊吗？"他给出了一个特别好的回答，他径直说："因为活着比死了好啊。"

今天和未来的技术中核心的两个要素，就是生物技术和人工智能，将在身体和精神两个方面彻底改变人类和人类文明形态。它们将延长我们的生命，大幅提升我们的智力，把我们从劳动当中解放出来。我曾经说过，人工智能时代开启以后，我们大学里的好多专业是要关门的。今后大学最麻烦和最尴尬的事情恐怕是：把学生招进来，等他们毕业时却发现这个行业已经没了。这就特别害人了。很多行业将消失，比如银行里的收银员，在中国大概有几百万人，以前算是一个蛮好的职业，恐怕很快就会下岗。我们会面临许多新的问题，我们的大学和教育制度本身需要改造，我们的生活同样需要改造。刚才我讲的是技术带给我们的解放，我们会有更多的时间，我们将有更长的寿命，会有更多的经验、更多的故事。

所以不难看到，现代技术是一把双刃剑，一方面它不断地挤压人文科学，侵占了人文科学的地盘，对人文科学造成了伤害，而另一方面它又将给人文科学留下空间。我们会越来越清晰地看到这一点。

第三，人文科学的未来意义和使命。最后我想讲的是，我们要看到人文科学未来的意义或者说使命。我认为人文科学有两项任务：一个是要给我们的文明进行重新定位，我们走到哪一步了，下一步可能是什么情况；二是要对我们人类的生命和我们个体的生活做一个重新规划。要是没有这些重新定位和重新规划,那么,人文科学对于未来就没有什么意义。我个人认为,今天的文明处在从自然人类的文明向技术人类的文明的过渡阶段,或者说,文明正在从自然人类文明转向技术人类文明。就此而言,自然与技术的关系便成了我们人文科学思考的核心命题。我们必须思考这个关系、这个问题。在这样一种对我们人类未来具有决定性意义的关系和问题的探讨中,哲学的反思、文学的想象、艺术的创造都是至关重要的。未来新文明的创造需要人文科学。在不远的将来,许多可形式化、可技术化、可数据化的知识不再需要我们学习,我们需要的是哲学的反思、文学的想象和艺术的创造。

我最近接触了一些技术专家,一些专业水平很高的专家,越发感觉到,今天人文学者迫切需要向技术专家学习,跟技术专家展开讨论,形成互动关系。但技术专家们也有局限性,他们通常是特别专门的,有着严格的分工,多半在钻研局部和细部的东西,比如人工智能专家,有的只搞语音,有的只做算法,等等,这是专业的必然要求。他们对于整体和宏观的东西关注得较少,所以他们也需要与人文学者的讨论。前不久,已经九十几岁高龄的美国前国务卿基辛格写了一篇文章,文章最后建议美国政府赶紧成立一个由思想家们组成的委员会,来讨论和规划技术与未来,这位老人说:"再不讨论就晚了。"

是的,今天和未来的文明越来越需要一种整体、宏观的反思和规划了。要是没有文学的想象、艺术的创造和哲学的反思,我们的生活会失去意义和趣味,我们的文明也会不知所终!

人文科学如何面对人工智能时代?[1]

一、人文科学的忧患所在

对人文科学的意义的怀疑和对人文科学的命运的担忧由来已久。在当代中国,人文科学经常被视为"无用之学"。这在当今这个实利至上的技术—工商时代里似乎是自然而然的事。最近一些年来情况已经有所改变,"学好数理化,走遍天下都不怕"的时代总算是过去了。比如,我们看到,海外中国留学生当中文科生的比例已经大幅提高了,十几年前我在欧洲时很少见到中国去的文科生,但现在已经很不一样了。又如,国内文科生比例以及生源质量已经有了明显的提升,我们同济大学的哲学博士点近几

---

[1] 本文系作者于2017年6月12日上午在同济大学人文学院理事会特别会议(安徽安庆)上的讲话。扩充稿提交给由《哲学分析》编辑部和宁夏大学政法学院联合主办的第16届《哲学分析》论坛(2017年8月4—7日,银川)。

年来已经成为全校最难考上的学位点了，我们今年通过笔试方式招收 16 个博士生，竟有 166 人报考，录取比例竟达到 10 比 1。所以我最近有一个说法：中国哲学系太少了，我们还得办两三百个哲学系才好。据说美国有三四百个哲学系，而我们中国这么多人，哲学系却只有 80 个，大概是 13 个学科门类中最少的，这是有问题的。哲学不振，人文不兴，大学不大，文化重建也就难了。

我们应该看到，人文科学处境的改善只不过是在一定程度上讲的，并不意味着人文科学的强势和优势地位的真正确立。与作为现代工商文明基础的自然科学和技术科学相比，人文科学的影响力日趋下降，进入前所未有的颓废无力的状态，而且两者之间的关系也日益紧张。就人文科学本身（内部）来说，也是问题多多，现有学科结构和知识体系趋于老化，对现实生活的反应和批判能力缺乏，更无力于做出关于未来的展望和预言。种种迹象表明，人文科学的现状令人不满，前景堪忧。总结起来，盖有三个方面的表现。

其一，人文科学的"空心化"。这是从近代以来愈演愈烈的科学—技术—工业对于人文科学的挤压的后果。受到近代"普遍数理"（mathesis universalis）的影响，诸多原属人文科学的领域被自然科学吞食，人文科学的地盘变得越来越局促、狭小了。如我们所知，在古典时期，哲学的研究领域是无所不包的，希腊的"科学"（episteme）都是"哲学"（philosophia）。即便到近世哲人康德那里，广义哲学（形而上学）除了"存在学/本体论"（ontologia）和"神学"（theologia）之外，仍然包括了心理学、宇宙学和人类学诸部门。但在近代文明进程中，不但这些传统的哲学部门相继被自然科学接管了（形而上学就剩下"存在学/本体论"和"神学"了），而且诸如经济、政治、法律之类的人类行为研究也脱离了哲学人文科学的范围，在论题和方法上被自然科学化了，从而产生了所谓的"社会科学"。[①] 人们认为，人文领域的课题是可以通过科学的理论和方法来加以说明的，自然科学被树为知识典范和科学榜样。凡是不能通过自然科学的理论和方法加以处理的，就都不配享有"科学"之名。

历史总归不缺先知。早在17—18世纪，欧洲就出现了意大利的维柯、德国的哈曼等先知先觉的怪异哲人，发起了对理性主义和科学主义或科学乐观主义的批判，以及对人文科学之意义和尊严的保卫。维柯率先提出了一个严重的问题：历史学的人文科学可以用数理方法来研究吗？维柯主张，与科学的"知性智慧"相比，人文的"诗性智慧"是更原始的、更根本的智慧。哈曼把矛头指向康德，也主张艺术高于科学，认为康德把时间和空间（作为感性直观形式）对应于算术和几何学纯属瞎掰，更本源的是时间艺术即音乐和空间艺术即绘画。至19世纪下半叶，保卫艺术人文科学的呼声日高。尼采赋予艺术以形而上学性，发起了更为激进的科学主义和柏拉图主义批判。至20世纪初，则有解释学传统在方法论上对科学主义的抵抗，先有狄尔泰的人文科学

[①] 就人文与科学的关系而言，人文科学最切近的"敌人"恐怕不是自然科学，而是社会科学，因为正是通过社会科学，人文科学才得以与自然科学"短兵相接"。

方法论意识的觉醒，后有海德格尔和伽达默尔的哲学解释学的普遍性要求。

在第二次世界大战后，现代技术工业加速发展，而抵抗的力量日趋虚弱。核能、互联网、基因工程、人工智能等新技术不断推进，成了当代全球人类生活的统治形式。在此技术浪潮中，人文科学的"空心化"愈演愈烈，人文与科技的相互背离和相互不信任日益加剧，人文科学进入一个不受理睬而只好顾影自怜的颓败过程中。

其二，人文科学的复古哀怨基调。与自然科学相比，人文科学的一个重要特点是历史性，所以，现代德国学术界喜欢以"历史的"这个形容词来修饰人文科学，即所谓的"历史的人文科学／精神科学"。对人文科学来说，简单的线性进步和淘汰观念是难以与之匹配的，我们甚至都不好意思说：我们今人比柏拉图、亚里士多德等更好地哲思。历史性决定了人文科学的艰难和沉重，人文学者因此也更容易偏于好古和复古——古今中外莫不如此。

对技术工业的自然主义反应从 19 世纪后期就开始了。艺术家理查德·瓦格纳试图以自己的艺术来抵抗当时方兴未艾的技术工业和资本主义制度，主张通过艺术来重建神话，重建被科学技术祛除了的神话和神秘之域。作为瓦格纳的追随者，尼采推进了这一事业，通过酒神狄奥尼索斯这一形象的塑造，发起了古希腊神话的再造；而在后期思想中，尼采看到了传统文化的衰败和人类自然生命力的下降，试图以"权力意志"来提振人类于"颓废"状态中。与前期尼采相类,主张"思想的返回步伐"的海德格尔也把思考重点放在早期希腊思想上。海氏弟子列奥·斯特劳斯发展了尼采和海德格尔思想中的古典倾向,演绎出一种古典自然主义的哲学理论和保守主义的政治主张,流传入中国,一时间受到鼓吹而成就了当今的"古典热",以哀怨为基调的文人固有的复古情结再现。在今日学界,这种复古情结表现为一种政治关怀和政治主张,比如新儒家提出的儒家政治。

所谓复古情绪根本上是一种"乐园模式",就是假定:历史上曾经有过美好时代,有过一个"乐园",比如尼采所谓的希腊悲剧时代,比如海德格尔的前苏格拉底时代,比如孔子的周代;后代礼崩乐坏,进入"失乐园";现在呢,任务是如何"复乐园",而直接恢复旧制当然是首选了。简言之,"乐园模式"的基本逻辑是:历史上曾经有美好时代,现在什么都不好了,要设法重归过去好时光。就是这样一种简单的模式,构成中外诸多文人的幽幽梦想。而历史的经验表明,复古作为文人情调尚可,作为政治主张则大有危害。

其三,对现实的无力感以及对未来的畏惧感。无论是人文科学还是人文学者,在今天这个技术—工业—商业时代里都未受重视,处于边缘地位。人文科学与技术工业的隔阂和分裂前所未有地张大,人文学者的声音几近一种装饰。这是人类文明现状的反映。以技术工业为基础的资本—商业社会颠覆了传统价值秩序,一切都被松动了,一切都变成流动的、相对的了,唯有可交换价值是稳定的、值得追逐的。这时候,缺乏可交换价值的人文科学被放逐到边缘位置是必然的，而如上所述，无力的、哀怨的人文学者只好去虚构和重温过去的好时光，去梦想过去时代的"良序"和"德行"了。复古和逆行当然是一种消极的退缩策略，它出于一种由于被现实抛弃而产生的对未来的畏惧感。

然而，对现实没有反应能力和对未来没有预期能力的人文科学是无未来的。尼采的例子最为典型。尼采在《悲剧的诞生》时期走的是瓦格纳路线，推崇古典希腊文化特别是悲剧时代的希腊文化，但之后，尼采发起了对欧洲传统哲学和神学的系统批判，主张"重估一切价值"，提出"上帝死了"的虚无主义诊断。尼采此后一直自称"虚无主义者"，但他又加上了一个形容词"积极的"，称自己为"积极的虚无主义者"。虚无主义者是面向过去的，是否定性的，否定了历史留存的价值秩序，而"积极的虚无主义者"却不同，他也看到了文化的虚假本相和人生的虚妄本质，他也主张"重估一切价值"，但他直面当下，指向未来，意在通过创造性活动重启个体的自由实存，是为"积极的虚无主义"。

二、人文科学如何面对人工智能时代？

今天的问题是，人文科学如何面对正在迫近的智能时代？美国学者巴拉特认为："对于先进的人工智能，如今我们所处的位置一如 20 世纪 30 年代之于核裂变。如果我们像贸然引入核裂变那样贸然引入人工智能，恐怕全人类都无法存活下去。"[1] 巴拉特的这个类比有一定道理。当年谁知道核弹（原子弹）的骇人后果呀？同样的，今天恐怕也没人知道人工智能技术的后果。如今已经让人大惊失色的阿尔法狗（AlphaGo）还只不过是"弱人工智能"的代表，还有"强人工智能"（AGI）和"超人工智能"（ASI）等着我们呢。今天人们对人工智能与人类未来的讨论可谓聚讼纷纭、一派乱象。在这方面，人文科学还没有发挥应有的作用，发出有力的声音。

首先，我认为人文科学需要确认两个前提：其一是技术统治的确立，其二是全球一体的现实。只有确认了这两点，人文科学才可能重新审视自己的处境，并且积极界定自己的未来使命。

第二次世界大战结束，一个技术统治的时代到了，即技术统治压倒了传统的政治统治方式。如今人类当然还需要政治统治（虽然依然有民主的统治方式与非民主的统治方式之分），以此来组织人类群体生活，但我们必须看到，政治统治方式已经不再是唯一的，而且不再是主导性的了。技术已经成为人类社会里主导性的支配方式。在现代技术的进程中，核弹（原子弹）的爆炸是一个标志性的事件，不仅引向第二次世界大战的结束，更标明我们所讲的技术统治方式的确立。有人会说，难道人类社会不是一直处于技术时代吗？从石器时代开始，人类就是制造和利用技术的动物。这话当然不错，但显然无视了现代技术的全新本质。

---

[1] 詹姆斯·巴拉特. 我们最后的发明——人工智能与人类时代的终结 [M]. 闾佳，译. 北京：电子工业出版社，2016：17.

以前的技术主要是手工技术和机械技术,对于人类生活的意义是有限的、相对的,而核弹(原子弹)的出现标志着现代技术对于人类来说已经成为绝对之物,它不再是某个个人或者人类组织可以掌控的了。正因此,海德格尔的弟子、哲学家安德斯在广岛原子弹爆炸之后,断言人类已进入"绝对虚无主义"的时代。[①] 我们必须看到现代技术统治的这种绝对性,不然我们就会错判了当代状况和未来的可能性。而这不是要鼓吹技术决定论,相反,我们是要探索一种抵抗技术统治地位的策略。

与技术统治地位的确立相随而来的,是技术风险压倒了自然风险。人类进入一个不可预测和不可控制的高风险社会。在自然的生活世界里,人类面临的风险是可预见的和可等待的,但在技术统治的状态下,今天人类所面临的风险却是超自然和超人力的:一是风险范围的普遍化(全球化),无人能够脱身,好比危害人体的环境激素,当然在全球各个区域还有很大的差异性,但因为水和气是全球流通的,因此根本上无人(无动物)能逃脱环境激素的损害(据说南极企鹅身上的环境激素是人类身上的40%左右);二是风险程度的激烈化和高度化,核弹和核能、环境激素和基因工程、互联网虚拟世界、超级人工智能等,现代技术以一种加速度把人类整体卷入一种不可预知、不可违抗的风险状态之中,其风险程度已经不再是自然状态的人类所能想象的了。

再就是全球一体化的现实。现代技术的平整和敉平作用使全

---

① 参看京特·安德斯. 过时的人(第一卷)[M]. 范捷平,译. 上海:上海译文出版社,2010.

人类进入一体化进程，此进程不再是一种可能性，不再是一种假设，而已经是一种文明现实。马克思在19世纪中期所预言的"世界历史性的人"早已成了现实。我们知道，马克思当年只是根据大机器生产的物质条件和资本主义制度，便先知般地预见了全球一体化进程。全球化首先是物质的全球交换，即技术资本的一体化流动。马克思之后的世界历史表明，这一进程是无可阻挡的。如果说马克思时代的大机器生产还在一定程度上受限于区域与交通，那么，在20世纪后半叶，由于互联网的兴起，全球一体的联通已经不再有任何限制了，变成了一个绝对的过程。这时候如果人文科学继续纠缠于"中西古今之争"，就未免近于笑话了；这时候如果我们再一味主张复古，也就不免虚妄了。

其次，人文科学要重整旗鼓，焕发其批判性和抵抗性，生成其重新开始的契机。我认为这种契机已经显现，在科学技术全面数码化、格式化、形式化的时代里，人文科学显示出它的无可替代性——它们是智能技术不可接管的，从而表现出一种节制与抵抗的力量。因为创意性、体验性和游戏性是人文科学的本质要素，恰恰是智能技术无法替代的要素，艺术人文科学因此有可能成为智能技术的"最后剩余"。

已经有专家预言了不远的将来（十年左右）人机相联的可能性。实际上，我们今天也已经在某种程度上达到了人机相联，比如计算机已经是我们贴身之物，占据了我们最多的清醒时间，又如我们今天已经离不开手机了，手机已经如此贴近地与我们的肉身相即相随。但所谓的人机相联还有另一种意义，是指未来可数码化、可形式化的知识可能直接植入人脑。若然，则人类知识的习得方式将发生彻底的变革，科学意义上的"知识"（我们姑且称之为"数码知识"）恐怕就用不着我们辛苦学习了，或者说，在"知识"和"科学"面前，我们人人平等了，我们都可以极其方便地调动"知识"和"科学"了。于是，数码知识与人文科学的关系将变得更为紧张，不可数码化或者难以被数码化的人文科学有可能绝地反击，发挥其别具一格的作用。

三、人文科学需要面向未来

让我来做一个总结。我今天的报告大概只是想说：人文科学的现状不妙，有没落之虞，但也有在没落中升起的可能性，也有绝地反弹和反击的机会；这种机会在于，人文科学的创造性、体验性和游戏性可能是数码和智能技术的"最后剩余"；关键也在于，人文科学要直面现实，清醒和积极地介入技术世界。在这一点上，哈贝马斯的"商谈伦理"仍旧可以成为一个起点式的要求，是一种基本的呼吁，值得我们重视。无论人类面临什么样的未来，碰到什么样的风险，讨论和商谈总归是第一步。

人文科学要有面向未来的姿态，在未来展望中重启自身的创造性。如我所言：未来才是哲思的准星。尽管历史性是人文科学的本质特征，但牵引人文科学的不应该是传统和历史之维，更不应该是复古情结，而是关于未来的想象。巴拉特说，"剩下的时间不多了，而问题的根本在于：跟一种比我们更强的智能共享地球"。巴拉特又设问："如果超级机器智能的动力跟人类的生存不兼容怎么办？"[①]——这些都是吃紧的问题。人文科学不得不尝试去解答这些对于自然人类来说致命的问题。

人文科学需要创造性地想象一种新文明样式，它可能是后人类的，也可能是人机结合的（碳基生命与硅基生命的结合），也可能是智能统治的。人文科学更要想象一种"人文智能"（而非人工智能）的可能性。

又有人说，声称能预言未来者都是傻子。然而我想，人文科学就是一门不可完全智化的傻学问，而且它久未施展它的傻劲了。

2017 年 6 月 10 日记于重庆

2017 年 7 月 17 日补写

---

① 詹姆斯·巴拉特. 我们最后的发明——人工智能与人类时代的终结 [M]. 闾佳，译. 北京：电子工业出版社，2016：14.

什么是最后的斗争？[①]

第一次参加有关"新文科"建设的讨论会，我不知道能讲些什么。我们大概已经习惯于发起一波又一波的学习和讨论，制造一些新的概念和新的说法，有点类似于被夸张了的当代艺术（观念艺术）的做派。如果大家对此是当真和用心的，说不定会有所创获，怕只怕流于空疏的议论而没有真切的行动。不过，贵校的"新文科"建设计划好像是真的，学校领导亲自挂帅，全校整体动员，可见是严肃认真的。

我们的人文科学确实应该有所更新、有所改造了，永远不变的"文史哲"恐怕是不够的了，是不合时宜的了。长期以来人文科学被边缘化，被"空心化"，被人看不起，甚至被社会科学家

[①] 根据作者2021年6月18日下午在华东师范大学主办的"新文科视野下文史哲跨学科研究与育人研讨会"上的发言整理成稿。后以《开拓面向技术人类文明的艺术人文学》为题，载《探索与争鸣》，2022年第3期。此处为原稿（完整稿）。

们看不起，固然是来自西方的"技术统治"的天命使然，但难道就完全没有我们人文科学本身以及从业人员自己的责任吗？前段时间我做过一个报告，题目叫作《世界变了而你还没变》，就提出了这么个问题。我这个题目似乎也是可以对今天的人文科学来说的。缅怀往昔好时光的高冷保守的"文史哲"只可能自娱自乐，必然会越来越走向"冷门绝学"。

除了自然人类的历史性天命，人文科学自身的最大问题是什么？我认为就是它的龟缩和逃避策略。所谓"历史学的人文科学"（德国哲学家狄尔泰语）习惯性地逃避现实，通过回忆过去、维护传统，甚至通过对过去某个"美好时代"的虚构和美化来蔑视现实的生活世界。说起来这也是情有可原的，原因主要有两项：一是自然人类有回忆和尚古的本性，本性使然，这在古典时代就已经显形和定型了，所谓"模仿"，在欧洲主要是"师法自然"，在中国主要是"师法古人"；二是面对技术文明的碾压，作为自然人类的精神价值表达方式，人文科学只好无力地通过历史性的退缩和回避来应对，但似乎也可理解为一种"抵抗"。

那么，人文科学还有戏吗？我们讨论"新文科"，应该已经假设了一点：人文科学还有未来，还是有希望的。我的期待要更高调一些，我认为，到人文科学（艺术人文学）绝地反弹的时候了，而前提是，它必须改变自己的旧式定向和思想策略，要从"历史学的人文科学"转向"未来性的人文科学"。为什么要有这样一种改变和转向呢？简单来说，还是因为时代变了，世界变了；而往深处说，主要因为技术工业的深度整体改造，自然人类文明体系受到摧毁性的攻击，面临崩溃，这时候，作为自然人类精神表达系统之基础部分的人文科学也就岌岌可危了，一种被技术工业烙印的新文明（我愿意称之为技术人类文明）需要一种新的表达，因此需要"新文科"。

在这方面，马克思确实是一位先知哲学家。在技术工业启动不到百年（1848 年），马克思就有了下面的著名断言：

"生产的不断变革，一切社会状况不停的动荡，永远的不安定和变动，这就是资产阶级时代不同于过去一切时代的地方。一切固定的僵化的关系以及与之相适应的素被尊崇的观念和见解都被消除了，一切新形成的关系等不到固定下来就陈旧了。一切等级的和固定的东西都烟消云散了，一切神圣的东西都被亵渎了。"[①]

这是《共产党宣言》里的一个著名段落。马克思在说什么？"一切等级的和固定的东西都烟消云散了"——人们读懂这段话了吗？今天人们读懂这话了吗？我认为未必。至少，人们恐怕还没有理解它的深意。

以我的理解，马克思在此不光是描述了当时的社会现实状况，而且也已经更深刻地预见到：在技术工业的强势作用下，自然人类精神表达体系趋于衰败。三十多年之后才有尼采之言："上帝死了！"与马克思的上述断言一样，尼采的"虚无主义"命题同样意味着：自然人类精神表达和价值体系的衰落。上帝死

---

① 马克思, 恩格斯. 共产党宣言 [M]// 马克思, 恩格斯. 马克思恩格斯选集：第一卷. 北京：人民出版社，2012：403—404.

了，要重估一切价值！就此而言，马克思是跟尼采一样的先知先觉者。

自然人类精神表达体系的核心部件是哲学和宗教，两者构成欧洲"形而上学"的主体部分。哲学是制度性的，是制"度"的，也即制定形式规则的；而宗教是道德性的，是为自然人类的心性信仰而设的。哲学的主体是指向形式领域的先验存在学/本体论，可视为广义的"先验哲学"，而宗教的主体则是指向神性领域的超验神学。从根本上讲，两者都是以传统线性时间观为基础的，都是为克服线性时间的无限流失而构造一个无时间的、不变的领域——哲学构造一个"形式—观念领域"，而宗教/神学构造了一个"神性—彼岸世界"。

回到马克思的上述引文，或问：马克思所谓的"一切固定的东西"到底是什么？现在我们应该答：自然人类精神表达体系和价值体系。

马克思、尼采之后，技术工业进入普遍化（殖民化）和加速化通道，文明断裂越发显赫，启蒙借助于电光世界而得以完成——我们特别需要注意在19世纪后期发生的火光向电光的转换，火光是自然人类的自然光源，而电光则是技术人类的技术光源，可以说，电光的出现（1879年）意味着技术人类生活世界的真正形成。一个技术之光普照的光明世界出现了。技术统治地位得以真正确立起来，然后进入20世纪，技术理性演变为机械战争，前后两次世界大战根本上是技术工业之战，是"钢铁之战"，最后终结于原子弹的绝对暴力。至1945年第二次世界大战结束,"人类世"(Anthropocene)在地球史和文化史双重意义上得以确认:在地球史意义上,"人类世"意味着人类的技术活动成为影响地球存在和运动的势力,地球演化进入一个新世代;而在文化史意义上,"人类世"意味着文明的一个巨大变局,即自然人类文明向技术人类文明的转换。

所以要我说,今天在我们这儿热议的"新文科"从马克思那里就已经开始了,只可惜马克思及其先知般的文明预言经常被误解和曲解。所谓的"新文科"已经延误了,不该再延误下去了。

"新文科"是何种科学呢?在马克思对未来文明的预判中,他提到了"人的科学":"自然科学将失去它的抽象物质的或者不如说是唯心主义的方向,并且将成为人的科学的基础,正像它现在已经——尽管以异化的形式——成了真正人的生活的基础一样。"① 那么,马克思所谓的"人的科学"是什么?是不是指通常意义上的"人文科学"或者我们今天讲的"新文科"?我认为并不是,或者说,它不光是指人文科学,而是更广泛地指关于人的自然科学和关于人的人文科学——现在我想说,就是"人类技术工程"与"艺术人文学"。

今天我们似乎终于可以接过马克思的话题了,"人的科学"的时代已经到来。未来新科学/新知识的格局已经摆了出来:

1. 人类技术工程(人工智能和基因工程);

2. 艺术人文学(人文科学)。

---

① 马克思,恩格斯. 马克思恩格斯全集:第42卷[M]. 北京:人民出版社,1979:128.

这两者实际上都是"关于人的科学",或者如马克思所说的"人的科学"。这里所谓的"人类技术工程",是我斗胆给出的一个试验性的命名,我们或许也可以称之为"人类技术学",是关于人类自身的科学研究和技术处理;而所谓的"艺术人文学"即传统意义上的人文科学,它本来就是"人之学",但在很大程度上不能被叫作"科学"(science)。

什么是"人类技术工程"?我们知道,今天围绕人类自身而展开的科学研究和技术加工集中于两块,两门最热闹的新技术,即人工智能和基因工程。它们都具有"工程"性质,它们都信心满满,致力于最终解决人类自身之谜,并且都声称有能力使人类永恒化和无限化。如果说机械工业是自然人类的人力/体力的延伸,那么人工智能(AI)就是人类智能的延长和放大。如果说人工智能是人类思维/精神的技术化,即计算化/数据化,那么基因工程/生物技术则是人类肉身/身体的技术化。"人类技术工程"中的这两门核心科学构成对人类精神和肉身的双重技术化。

以人工智能和基因工程为代表的"人类技术工程"是现代技术的同一化/同质化进程的最后/终极阶段。这个阶段也是所谓的"人类世"的后半段。它们是人类最后的技术吗?技术乐观论者(尼采所谓的"科学乐观主义者")当然会说"不",但无论就目标对象还是就后果和效应来说,它们对于自然人类都具有终结性意义。

"艺术人文学"——即通常所谓的"人文科学"——的现代形态是欧洲—西方的,但自近代以来一直受科学主义的挤压和排斥。特别是技术工业兴起以后，传统人文科学的地盘不断被各门科学侵占，在理论模式和方法上越来越成为科学技术的附庸，从而越来越丧失了自主性和影响力。艺术人文学/人文科学的"空心化"成为一个艰难的世纪命题。我们今天来讨论"新文科"，本身也有这方面的动因和考量。我们试图借此追问：在技术统治时代，艺术人文学/人文科学还有生机吗？

两门（两类）"关于人的科学"——人类技术工程与艺术人文学——将构成未来人类文化新格局，可以说，人类的命运将取决于两者以及两者的关系。两者之间的紧张关系可以表达为自然与技术的"二重性"（Zwiefalt），而不是简单的二元对立和对抗。"二重性"是后期海德格尔的思想策略，意在突破传统哲学非此即彼的两极思维模式，而进入非同一性的差异化思想方式之中。

"人类技术工程"本质上是逆反自然的，包括人工智能和基因工程在内的新技术（人的科学）加速了自然人类的衰败，自然人类不断被计算和被规划（尼采语），进入非自然化的技术同一性框架之中。在20世纪50年代，海德格尔预见了我所谓的"人类技术工程"，他预言：人类已经从通过技术加工自然进展到通过技术加工人类自身，也即开始加工人类的身体自然了。

而"艺术人文学"则是逆反技术的——虽然不见得是诅咒技术的，但它在本质上却是一种非同一性的势力，因而是与现代技术背道而驰的。在今天以及在未来，无论是为了抵抗技术工业的同质化和普遍化进程、保卫个体自由，还是为了技术人类的自然性保存（人类在技术统治时代的自然性保存），我们都更需要"艺术人文学"了。

两类"人的科学"（人类技术工程与艺术人文学）之间的关系将更多的是一场"贴身肉搏"。艺术人文学必须有能力介入这场"贴身肉搏"。如果现代技术是人类的"天命"，那么艺术人文学的"抵抗"就是一场虽败犹荣的战斗。第二次世界大战后兴起的当代艺术已成先导，正如约瑟夫·博伊斯所言，这是每个人的战斗。

核心的和终极的问题恐怕在于：1. 人类在肉身和精神上被技术化的界限何在？ 2. 在人类身上展开的这场斗争的结局是什么？有可能取得一种平衡吗？

什么是"最后的斗争"？欧仁·鲍狄埃于1871年作词、皮埃尔·狄盖特于1888年谱曲的《国际歌》号召无产者团结起来，投身于"最后的斗争"。我们最熟悉的歌词是："这是最后的斗争，团结起来，到明天，英特纳雄耐尔就一定要实现！"这是无产阶级革命的政治动员。这种政治动员有没有成功？在何种意义上是成功的？国际共产主义运动以及后来的社会主义运动提供了十分复杂的实践案例，让我们不好轻易判断。我不做判断，而只想指出一点：20世纪90年代东欧社会主义阵营的解体，以及社会主义实践的各种曲折、困苦、遗憾，甚至于惨剧，并不能证明马克思所设想的未来"共产主义"制度形态的虚妄。

马克思设想的"最后的斗争"是无产阶级与资产阶级的斗争。今天我们得追问：今天和未来还需要无产阶级斗争吗？无产阶级斗争依然是"最后的斗争"吗?马克思以先知之眼探测了技术工业和资本社会的运行规律和基本方向,然而,他没有想到技术工业的普遍化、格式化的程度和速度,没有想到现代技术的加速发展使现代资本社会生产关系发生了巨变,尤其是使得"无产阶级"渐渐地成为一个失真的概念,甚至具有了某种虚假性。在新的技术工业和资本社会形势下,无产阶级的"最后斗争"似乎已经变得令人起疑。

看起来,马克思之后的尼采也有高明之见。尼采没有使用"无产阶级"概念,他说的是"末人"或"最后的人类"。"末人"无可救药,除非自救,除非反身参与到两类科学的斗争之中,成为"艺术哲人"或"超人"。

什么是"最后的斗争"?让我尝试回答本文的问题:两类科学(人的科学)的斗争才是"最后的斗争"。

教育现象学的基本问题[①]

很高兴参加今天的"现象学教育学学术研讨会",我的专业是德国哲学和艺术哲学,虽然大学毕业后一直在高校工作,已经工作30多年了,但对于教育学领域没有专门的思考和研究,所以参加这次会议,是不免有些惶恐的。现象学呢?应该跟我有点关系,因为我的主要研究领域是尼采和海德格尔,撰写了几本关于尼采、海德格尔的研究著作,主编了中文版的《尼采著作全集》(14卷)和《海德格尔文集》(30卷)。而大家知道,尤其是海德格尔,被认为是现象学思潮的代表性思想家。在此之前,去年5月份,我参加过由成都华德福学校主办的一个关于现象学与教育的会议,但当时主要是讨论儿童教育,记得我做了一个题为

[①] 本文系作者于2018年10月10—12日在"第四届现象学教育学国际学术研讨会"(北京,首都师范大学)上的报告。

《艺术地和哲学地教与学》的报告①。

20世纪初出现的现象学已成为人文科学普遍使用的方法论，出现了包括教育学在内的具体人文领域的现象学思考和讨论。所谓"现象学教育学"，以我的专业习惯，更愿意称之为"教育现象学"。这样一转换，主体和主题就成了"现象学"，我也许就有信心来参与讨论了。本演讲试图探讨"教育现象学的基本问题"，主要还是讨论现象学，大致区分为三个部分加以探讨。第一，本质直观方法：教育现象学是如何可能的？或者说现象学哲学和方法可能为教育学和教育研究提供何种帮助？第二，意向性学说：从现象学角度看，教育的本质是什么？第三，"学"之现象学：如何理解历史上的"学"以及未来之学？

本演讲者认为，现象学哲学的最大贡献是打破传统哲学的两个世界区隔，把本质—观念领域感性直观化，这就为我们重新理解个体身心和生活世界提供了可能性，从而也让我们有可能重新审视教育和教学的问题；从现象学角度看，教与学的核心问题是观念构成方式的形成和激活；作为教育根本问题的"学"是一个历史性的现象，而在人工智能时代正面临着断裂性的激进转换。

---

① 系作者于2017年5月20—21日在成都华德福学校举办的"现象学、人智学与华德福教育学术论坛"上的报告，根据发言稿和录音整理和补充后，发表于作者本人的新浪博客。现收入本书第一章。

一、本质直观方法：教育现象学是如何可能的？

在别的场合，我们追问过：艺术现象学、建筑现象学、政治现象学等是如何可能的？今天我先要问：教育现象学是如何可能的？问题的重点在于现象学，因为我们其实是要问：现象学的原则和方法是否适合于教育和教育学？是不是对教育和教育学有所助益？

大家知道现象学的开创者胡塞尔提出的现象学原则只有一句话——"面向实事本身"（zu den Sachen selbst）。听起来十分简单。不过，胡塞尔在《观念》中把这个原则称为"一切原则的原则"，说来就有些复杂了："任何在直观中原本地呈现出来的东西，我们只按照它自身给予的那样，而且也只在它自身给予的界限内来接受它。"[1]

海德格尔说，这个原则无涉内容，而是关乎方法，是一个方法原则。我认为海德格尔这个理解很到位。正因为胡塞尔的这个现象学原则——所谓"一切原则中的原则"——只给出了一个形式意义上的提示和指引，所以它才可能是普适的，也即有普遍意义的。

一般认为胡塞尔讲的现象学原则——"面向实事本身"——首先是防御性的。所防御者为何？胡塞尔称之为"自然的思想态度"，其实就是通过传统哲学和科学形成的常识、信念、假设。

---

[1] 埃德蒙德·胡塞尔. 观念（德文版）：第一卷[M]. 海牙：尼基霍夫出版社，1991：51.

比如说对事物之实在性的信念，相信外部世界是实在的，是不依赖于我们的意识的。这种信念当然很重要，没有这种信念我们日常简直活不下去，就好比说我刚才离开宾馆时把电脑放在宾馆的房间里了，是因为我已经假定我回去时它还在那儿。另外一种信念关乎意识和精神，我们的意识和精神归根到底也无非物质性的心理活动，所以是可以观察和实验的。人工智能专家库兹韦尔甚至认为，大脑皮层是可以人造的，人、机将相联于此。胡塞尔也承认上述两种关于事物和精神的信念和假设对于日常生活和科学研究是必要的，但对哲学来说是不够的，因为哲学需要"反思的彻底性"，不能预设什么，一旦预设了什么前提，就落入偏见了。

这么说来，现象学似乎首先要反对未经反思的常识和信念（假定），但这显然不是现象学的根本目标。如果停留于此，那么现象学也就没有多大的意义了。现象学原则的积极方面是要形成一种新的抽象理论，就是要重新解答"观念如何构成"的问题，认为一般观念在直观中有其根源。这就是胡塞尔所谓的"本质直观"方法。这里需要注意的是，在胡塞尔的现象学那里，"共相""观念""形式""本质"差不多是等价的和同义的表述，但这些译词的等价性在现代汉语中尚未变成自然而然的通识。普遍的"观念—本质"是怎么来的？大多数传统哲学家，无论是经验主义者还是理性主义者，都主张一种抽象理论，即一种一般观念的抽象理论。胡塞尔却认为，一般观念的基础是直观，"观念—本质"是由直观来的。这种想法当然是特别惊人的。对于传统抽象理论，胡塞尔提出了如下批评。

胡塞尔首先认为，一般观念不是通过比较获得的，比较的相同和相似不是同一性。通常人们认为，一般观念（共相、本质）是通过对作为观念之外延的对象进行比较而获得的，比如"红"的观念，是通过对形形色色的诸多红的事物的比较而得到的。这样想很正常。但胡塞尔却说，这种比较的前提是已经有一种"红"的观念，先有"红"这个"观念对象"即一般观念，我们的比较工作才是可能的，不然我们如何可能选择和确认用于比较的红的事物呢？简言之，为了比较我们先得有一个"标准"（即"红"的观念），不然我们无法把不同的红的事物放在一起。光这一条就足以摧毁传统的抽象理论了。

进一步，胡塞尔认为，即使确认了某些事物的共同的东西，比如说相同的颜色，我们也还是不能推出一个同一的一般观念，比如"红"本身。原因在于，"相同"和"相似"不是"同一"，比如任何一个个别事物的颜色都是有色差的。表面上，胡塞尔在此主张一种柏拉图主义（本质主义），认为在所有红色的东西中就实现着一个观念对象即"红"本身，正是由于这种观念的红色，那些红色的东西才彼此相似。这看起来是柏拉图的老套路，不同之处在于，胡塞尔认为"观念—本质"也是被直观的，也是被直接把握的，而无需中介（理论和方法）。所谓"直观"就是直接把握，但观念直观的样式却不同于感性直观，经验主义的感性直观是不能解决一般观念的问题的。观念直观（本质直观）是一种特异的样式，它直接指向观念对象，而与外延对象只有间接关系，就好比说，本质直观只与"红"本身有关，而与外延对象（红色事物）只有间接的关系。然而我们不能说，只有个别事物（个别对象）才存在，而一般观念是不存在的。[①]

胡塞尔举了几个例子，来说明本质直观这种指向一般观念（一般对象）的新意识样式。比如"红"之本质直观，对"红"这个观念对象的直观是以对个别红色物体（红纸）的感知为基础的，但这并不意味着我们仅仅意向着那些显现着的个别对象，而毋宁说是以一种全新的意识样式"意指着"这个同一性的"红色"（das Rot），通过这种意识，这个"种"——而非那些个别物——才成为我们的对象。又如对三角形的证明，在证明一个三角形时，我们指向一个一般的三角形（观念对象），而非纸上画的或者电脑画的任何三角形（个别对象），如果我们以为我们指的是这里或那里的一个具体三角形，那我们就想岔了。世上不存在一个 180 度的三角形，它只存在于观念世界。

胡塞尔对传统抽象理论的批判是成功的，至少在逻辑上是自洽的；而对他自己的抽象理论即"本质直观"——所谓的"观念直观的抽象"——的论证，也是有相当的说服力的，当然它同时要求我们放弃和中止自然的思想态度，差不多需要一种脑筋急转弯。

我们进一步要问：胡塞尔对传统抽象理论的批判以及"本质直观"（新的抽象理论）的思想有何动因和意义？或者说，胡塞

---

① 参看泰奥多·德布尔. 胡塞尔思想的发展 [M]. 李河，译. 上海：生活·读书·新知三联书店，1995：32.

尔为何要批判传统抽象理论（即本质主义、普遍主义）？为何要强调"悬搁"和"无前提性"？以及为何要强调"直观"即"直接把握"？

这个问题不难解。胡塞尔对传统抽象理论（本质主义）的批判呼应了时代风潮，也即从19世纪中期开始的对传统观念论、传统形而上学批判的风气。这种批判工作在马克思那儿叫唯心主义批判，在尼采那儿则是柏拉图主义批判，或者说"另一个世界"即"超感性世界"批判。而无论是谁，无论叫什么，这种批判工作的基本动因都在于，传统形而上学已成一套僵固的概念机制，也生成了广义制度设计和构造的绝对化同一性原则，从而对个体实在和感性世界构成压制和伤害。个体被无视、被同质化、被限制和被抽象；感性生活世界被抽离、隔离、弱化了。德国人智学家、实存哲学家鲁道夫·斯泰纳把这个世界称为"弱感觉世界"，甚至说我们本来有十二种感觉，而现在只剩下了五种，而且连这五种感觉也被孤立地、抽象地理解，比如说它们都是相互隔绝的、互不相通的，又比如说在剩下的五种感觉中，也只有视觉和听觉受到特别的关注，而嗅觉、味觉以及（特别是）触觉，则被严重地轻视了。我们也可以说，自然体质的人类越来越虚弱了，自然力越来越下降了，尼采称之为"颓废"，类同于斯泰纳所说的"弱感觉世界"。现代形而上学批判的根本动因正在于此。

另一方面，胡塞尔对传统抽象理论的批判可以说是更坚实的，因为它落实到了"本质—观念"的构成问题上，或者说试图为传统抽象理论寻觅一个新的基础,因此才提出"本质直观"这种现象学方法。以此为核心的现象学哲学的最大贡献是打破传统形而上学的两个世界之区隔,把"本质—观念"领域感性直观化,这就为我们重新理解个体身心和生活世界提供了可能性,从而也让我们有可能——而且必须——重新审视教育和教学的问题。就此而言,"教育现象学"不但是可能的,而且是必然的,或者说,教育必须通过现象学哲学和现象学方法来完成自己的使命,因为正如我们下面要讨论的,教育的根本问题正在于观念的构成和生活世界经验的重建。

二、意向性学说:从现象学的角度看,教育的本质是什么?

所谓"从现象学的角度看"是何种看法呢?最重要的一个看法,我们前面已经有了,就是:不认为有两个世界,更不认为"超感性世界"是高于"感性世界"的。相反,现象学认为,"超感性世界"就在"感性世界"中。根本就没有一个独立的高高在上的"超感性的世界",或者也可以说,我们生活于其中的具体而感性的世界本身就是一个超感的、观念的世界。这话听起来简单,其实却是大有深意的。意义在于,我们的生活世界是一个好玩的、活生生的、具体的世界,一个充满意蕴、充满观念的世界。

这种"新世界观"首先与胡塞尔的意向性学说相关。自胡塞尔以来，意向性理论已经作为一个口号而在哲学中流行："意识是关于某物的意识。"意识是"意向的"，即：意识在其所有行为中都是关于某物的意识。但正如克劳斯·黑尔德所指出的：这个口号并没有传达出什么新东西，也没有表达出胡塞尔意识理论的特殊性。① 若停留在这个口号上，我们就不能真正了解胡塞尔意向性理论的真义。

胡塞尔意向性理论的第一要义在于"明证性"（Evidenz）。意识依据于原本的被给予方式，即依据于"明证性"或"自明性"。这其实就是胡塞尔在《观念》第一卷中提出的所有哲学的"一切原则的原则"。依靠这个原则，"我们就不会为任何可想象的理论所迷惑。我们必须看到，任何理论最终只能从原本的被给予中获得其本身的真理"②。哲学所能断言的只应是原本给予的直观基础上对它来说可能的那些东西。哲学服从于"任何意识（体验）都必须依据原本性"这个规律，"明证性"就成了哲学认识的样板。这个原则实际上也就是胡塞尔提出的"现象学还原"。"还原"意味着自然主义的终止，即把一切关于某物"已经在那里"的预设悬搁起来。任何超出"自身给予"范围外的断定，都要被"放入括弧里"。通过这种还原，我们达到的就是那些自身显现的纯现象了。

---

① 克劳斯·黑尔德. 导言 [M]// 埃德蒙德·胡塞尔. 现象学的方法. 克劳斯·黑尔德，编. 倪梁康，译. 上海：上海译文出版社，2005：17.
② 埃德蒙德·胡塞尔. 观念（德文版）：第一卷 [M]. 海牙：尼基霍夫出版社，1991：43—44.

意识依据于原本性、明证性，这话还有进一步的意思：意识具有使空洞的、不确定的"被意识之物"得以充分的能力，或者说，有使"某物"对自己显现出来的可能性，然后才可能是关于某物的意识。意识意向并不是一种与某物的静态关系，而是一种活的、朝向原本性的趋向。"意向"（intendieren）、"意指"（bedeuten）两词本身就标明一种有意图的追求。意向意识的目的是对被体验之物的直观的占有。意识力图达到明证性，为此制定其目标、目的。因此，胡塞尔说意识生活服从于"目的论"的规律。我们可以把意识性的这一特征称为意识的指向性、主动性、能动性。

与此相联系的胡塞尔意向性概念的另一特征，是"先天相关性"的思想：意识不是一片空海滩，不是一个有待充实的容器，而是由各种各样的行为组成的，对象是在与之相适合的被给予方式中呈现给意识的，而这一点又是不依赖于有关对象是否实际存在而始终有效的。胡塞尔看到，对于同一个对象，意向行为可能做出不同的规定，赋予其不同的意义，例如，对于同一个三角形，我们既可以把它规定为"等边的"，也可以规定为"等角的"。这就表明对象（事物）是按我们所赋予的意义而显现给我们的，并没有与意识完全无关的实在对象和世界"现实性"。于是我们就可以认为，意向意识本身包含着与对象的关联，即"先天相关性"。因此，"意向性概念原则上就解决了近代认识论的古典问题，即一个起初无世界的意识如何能够与一个位于它彼岸的'外部世界'发生联系"。显然，这种解决只能说是一种"内在论"的解决。①

"先天相关性"思想的提出还有更深广的意义,那就是后来被海德格尔进一步发展的"关联意义"(Bezugssinn)。海德格尔认为,"现象"是由"内容意义"(Gehaltssinn,或译"内涵意义")、"关联意义"和"实行意义"(Vollzugssinn,或译"执行意义")三个"意义方向"构成的整体。所谓"内容意义"是指在现象中被经验的"什么"(was),"关联意义"是指在现象中被经验的"如何"(wie),而"实行意义"则是指"关联意义"得到实行或者完成的"如何"(wie)。② 这三者,简而言之,也就是经验内容、经验方式及其实行。海德格尔认为其中的重点是"实行",通过"实行"把"关联意义"显示出来,此即他所谓的"形式显示"。在"形式显示"中,"形式的东西就是关联性的东西。显示是要先行显示出现象的关联……一个现象必须这样被预先给出,以至于它的关联意义被保持在悬而不定中。人们必须防止做出这样的假定:现象的关联意义原始地是一种理论化意义。现象的关联和实行不能事先规定,而是要保持在悬

---

① 克劳斯·黑尔德. 导言[M]//埃德蒙德·胡塞尔. 现象学的方法. 克劳斯·黑尔德,编. 倪梁康,译. 上海:上海译文出版社,2005:18. 在胡塞尔那里,特别在《观念》中,"意向意识的先天相关性"实际上进一步变成了"构成"(constitution)问题,"一切问题中最大的问题是功能的问题,或'意识的对象性的构成'的问题"。埃德蒙德·胡塞尔. 观念(德文版):第一卷[M]. 海牙:尼基霍夫出版社,1991:196.
② 参看海德格尔. 宗教生活现象学(德文版)[M]. 法兰克福:克罗斯特曼出版社,1995:63. 海德格尔这里的思想显然是与胡塞尔的"意向性学说"相关的。

而不定中"①。

海德格尔的"关联意义"之说是对胡塞尔"先天相关性"思想的实存论意义上的推进,可以说使现象学完成了从"超越性思维"到"关联性思维"的转变,而这种转变对于西方文化来说也具有革命性的意义。西方传统文化是由形而上学规定的,而形而上学实质上就是两种"超越"(Transzendenz)路向,即源于希腊的"先验形式"的哲学"超越"传统,以及源自希伯来的"超验神性"的神学"超越"传统,简言之是哲学的"超越"(形式普遍性)和神学的"超越"(神性绝对性),前者形成了一个本质主义、普遍主义的观念世界,而后者则形成了一个信仰至上的理想的、神性的世界。这两个传统影响深远,至今仍旧是全球主导性的文化模式,尤其是由哲学传统发展出来的形式科学系统现在成为互联网、大数据、人工智能技术的核心和基础。然而,难道除了普遍主义的哲学和科学,以及绝对主义的宗教信仰之外,就没有其他的思想和文化的可能性了吗?当然不是。现象学在西方传统中首次真正开启了一种另类思维方式,可称为"关联性思维",它在事物意义的理解和生活世界的理解上都有别于传统"超越性"思维。

首先是事物的意义的把握。简单说来,西方哲学史上关于事物的存在或者意义的观点经历了三个阶段,在古典时期,事

---

① 参看海德格尔. 宗教生活现象学(德文版)[M]. 法兰克福:克罗斯特曼出版社,1995:64. 海德格尔认为,这种预防措施的必要性产生于实际生命经验的沉降倾向,实际生命经验总是有滑入客观性的危险,我们却必须把现象从中凸显出来。

物的意义在于它的"自在"（An-sich），也就是说，事物本身具有自在的结构；到了近代，主体性形而上学兴起，事物的意义在于"为我"（for me），事物的存在就是它的被表象性、对象性；到了现当代，主要通过现象学，事物的意义在于"关联性"（Bezug），即事物如何呈现给我们，被给予我们，如何与我们关联。"自在"—"为我"—"关联"，这样一种变化对应西方哲学的三个阶段，即存在学—知识论—现象学（或语言哲学），另一方面也对应西方哲学关于"世界"的三次理解：自然世界—对象世界—生活世界。生活世界被理解为一个个意义生成的境域或者关联体，而相互关联的事物就在不同的境域中被把握。

我们已经看到，现象学的意向性学说不光提供了一种对意识的新理解，更提供了对事物和生活世界的新理解，这就为我们改造和重建我们的教育理想、制度和方式准备了一个坚实的基础。如果说历史上每一种教育制度背后都有一个哲学的、理论的设计，每一种教育制度也都有一个哲学的目标，比如古典的教育制度背后的柏拉图式的古典德性论，又如近代教育制度背后的理性主义和自由主义的人性理想，以及洪堡现代大学理念中蕴含的古典主义与自由主义结合的"完人"理想，等等，那么，我们完全可以认为，现象学有可能为当代和未来的教育提供一个哲学基础。

从现象学的角度看，教育的核心问题是什么？教育是什么？无论是古典的还是现代的教育，教育的根本问题其实就是观念如何构成的问题。或者说，从现象学角度看，教与学的核心问题是观念构成方式的形成和激活。就此而言，教育本质上是现象学的，因为现象学的基本任务正在于为本质—观念世界奠定一个直观基础。

我们说教育的核心问题是观念构成，那么我们就要进一步追问：有哪些观念构成方式？我们在此可以引用胡塞尔关于"普遍化"的说法。观念构成即"普遍化"，胡塞尔认为"普遍化"可分为"总体化"与"形式化"两种：前者是具体科学（经验科学）的方法，后者是形式科学的方法；前者是有特定的实指的对象区域的，后者则不是实指的；前者形成的观念只有相对的普遍性，而后者形成的观念则具有绝对的普遍性。胡塞尔的这个区分限于经验科学和形式科学，但这是不够的，是需要扩展的。尤其是所谓的"总体化"方法，其实它不但是具体经验科学的观念构成方式，而且也是人文科学的观念构成方式，甚至也是诗意想象（文学艺术）的观念构成方式。简而言之，我们的生活世界首先而且主要是通过"总体化"来构成我们的观念的。而现象学的迷人之处在于告诉我们，不论"总体化"还是"形式化"，由它们形成的观念都有一个直观基础。过于抽象的传统教育失去了这个直观基础，经常无法以贴近实事和心灵的方式完成自己的观念构成任务。

三、"学"之现象学：
如何理解历史上的"学"以及未来之学？

虽然"教"与"学"是教育的两个基本要素，但"学"的问题显然是更为根本的。这不光是从功能上说的，不光是说"教"是为了"学"，不"学"不成"教"，"教"要通过"学"才能完成自己，而且是说，"教"根本上就是一种"学"，"教"的本质就是"学"。

如果说教育的根本问题是"学"，那么，如何从现象学角度上理解历史上的各种"学"以及未来之学？毫无疑问，作为教育根本问题的"学"是一个历史性的现象，而在今天，在人工智能时代正面临着断裂性的激进转换。因此我们首先需要理解历史上的各种"学"。

与我们前面讲的历史上的物和世界的三个哲学理解有关，历史上的"学"也大致可分为三个阶段，我命之为"模仿之学""数之学"与"未来之学"。[①]"模仿之学"是古典时期的"学"，在当时，"学"就是"模仿"（mimesis），但我们需要确当地理解这个"模仿"，不能把它理解为抄袭和复制。"模仿"是原初的"艺术"（techne）的本质，体现的是古典时期人类与自然的基本关系，即人向自然学习，人应和于自然的关系。这首先是前哲学—科学时代的状态，比如希腊医师希波克拉底就说，医生无非自然的助手，要向自然学习，帮助自然（身体）达到自己的目的；到了哲学家柏拉图那儿，"模仿"被用来描述个别事物与共相的关系，同时开始在知识等级上贬低艺术家的"模仿"行为；之后的亚里士多德反对柏拉图的"模仿"理念论，同

---

① 参看孙周兴《从模仿之学到未来之学》（未刊稿），系作者于2017年8月14日在北京大学主办的第二十四届世界哲学大会启动仪式暨"学以成人"学术研讨会上的报告。

时为艺术家的"模仿"行为正名,说"模仿"乃是人的本能,人从"模仿"中获得快感。总之,"模仿之学"根本上是"艺术之学"。就"模仿之学"是人与自然的应和以及人向自然学习而言,它也可以被称为"自然之学"。

在古希腊语中,"学/学习"的动词形式是 μανθάνειν (manthanein),其第一重意义就是"模仿",另一重意义则是与希腊文名词的"学"(μάθησις, mathesis)相联系的,mathesis 有"学习、认识、经验、学说"等含义,关键在于它又与"数学的东西"(μαθήματα, mathemata)相关。这就是我们要讨论的"数之学",即作为"数"的"学"。

"学"与"数"相关,是什么意思呢?根据海德格尔的解释,希腊文的 mathemata 是我们已经取得认识、已经知道的东西。这一点可以用数字来说明。我们看到三个苹果就说:这是 3。但只有当我们已经知道了"3"的时候,我们才能把三个苹果数作"3"。而要理解"3"本身,个别事物是毫无帮助的。"数字是某种真正意义上可学的东西,即一种 μαθήματα(可学的东西),即某种数学的东西。"[1] 这里的意思是说:我们要学的是"3"而不是三个苹果。可学的是数,具体的物是不可学的。这就是表明,在古希腊除了"模仿之学",还出现了"数之学",此即几何学、算术等形式科学的出现。

不过,萌发于古希腊的形式科学(数学)要进展和演变为

---

[1] 海德格尔. 物的追问(德文版)[M]. 法兰克福:克罗斯特曼出版社,1984:75.

近代的"普遍数理"(mathesis universalis)以及实验科学,尚需有一个自然观和世界观的大转变。以运动观为例,亚里士多德的运动学说是以古典的自然观和世界理解为基础的,其中"物""位置""空间"都是具体的而不是抽象的——这是一种自然而然的朴素理解。而到了牛顿和伽利略那儿,在一种主体性哲学和对象性世界观的基础上,世界变成了"对象世界",物、空间、运动都被形式化和抽象化了,一种对自然的形式的、数学的抽象得以完成。相传伽利略的自由落体实验并未成功,但自由落体定律依然是成立的,而且实验结果如何是无关紧要的,因为这个实验只是要表明:形式科学是可以实验的——这就把形式科学与实验科学结合起来了。

这个近代科学的故事我们不能再讲下去了。我这里想指出的只是,在欧洲近代的历史进程中,形式科学占据了主导性的地位,"学"的主要形态成了"数之学",数学成了典范的知识形态。"普遍数理"的科学要求甚至扩展到人文和艺术领域,凡是不能用数学和自然科学方式表达的知识都不被视为真正严格的科学,人文科学的地盘不断被吞食,人文科学的合法性受到广泛的怀疑,以至于到20世纪初,哲学家和人文学者不得不从方法面上寻求人文科学的自主性和独立性。

"数之学"的"学"之方式和知识理想也被贯彻到现代教育之中。无论在基础教育还是在高等教育中,广义"数学"都是全人类除了语文之外最基本和最重要的学习内容和学习方式。尤其在第二次世界大战之后,现代技术的统治地位日益彰显,计算机、互联网、大数据、人工智能等快速发展，近代的"普遍数理"的知识理想实际上已经得到全面的实现，这时候，"数之学"便成了普遍之学。这时候我们面临的主要是由人工智能技术引发的未来之学的问题。

未来之学将受制于人工智能的"深度学习"的进展。所谓"深度学习"是要模拟人脑学习的神经网络，模仿人脑机制来解释数据。根据库兹韦尔的预测，人类将在21世纪20年代中期成功地逆向设计出人脑；到20年代末，计算机将具备人类智能水平的能力；2045年出现"奇点"时刻，即人工智能全面超越人类智能。于是我们要问，人类的未来之学还要、还能学什么？深度学习框架Keras的创作者弗朗索瓦·肖莱（Francois Chollet）给出一个预测，认为人工智能离类人AI依然非常远，因为人工智能的模型只能执行"局部泛化"，适应与过去数据相近的新情况，而我们人类的认知能够"极端泛化"，迅速适应多样新奇的情况，或为长期未来的情况进行规划。这就是说，机器人虽然通过"深度学习"有了超强的高度智能，但有两件事是机器人无法做到的：一是极端泛化，二是长远规划。以我的说法，奇思妙想的想象力和大尺度的未来筹划，这是人工智能所达不到的人类能力。

在人工智能技术和生物技术的推动下，人类文明正在从自然的人类文明向技术的人类文明过渡。是否能够在自然与技术之间达成一个平衡，将是未来文明的最大课题。人类的学习也将经历前所未有的深度变化。未来之学面临的根本问题恐怕在于："深度学习"的人工智能将大幅度削减人类的学习内容,改变人类的学习方式。那么,未来我们学什么?我们怎么学?如何保存和维持自然人类的学习方式(比如"模仿之学"和"数之学")?或者说,未来之学如何在自然之学(模仿之学)与技术之学(数之学)之间找到一种可能的平衡?

未来的人与未来的学①

一、关于未来大学论坛

各位早上好!很高兴由我来做今天"未来大学论坛"的第一场报告,我准备了大约一个半小时的内容,可是给我的演讲时间却只有20分钟,所以我只好讲个大概。今天我要讲一个无边无际或者说不着边际的话题,就是"未来的人和未来的学"。刚才已经有同人介绍了今天这个论坛的缘起,我想再补充几句。本次论坛主要是我和同济大学校董唐春山先生发起的,之所以要举行这个论坛来讨论"未来大学",是因为形势逼人,所谓"未来已来",今天大家普遍关注和操心未来。昨天晚上我家上小学二

---

① 本文系作者在同济大学人文学院和创意设计学院举办的"未来大学论坛"(2019年5月19日,同济大学)上的报告,根据录音稿扩展而成。原载《信睿周报》第4期,2019年7月8日。

年级的小孩居然也跟我太太在争论人工智能与人类未来，我们从来没有跟他讨论过这些，不知道他是从哪里了解的，这真的是很让我吃惊的事。去年11月23日，我和唐春山先生还发起了首届"未来哲学论坛"，是一场关于"技术与未来"的主题研讨，今天的"未来大学论坛"可以说是去年活动的延续，又恰逢同济大学112周年校庆，也算是特别应景的。

我的一个基本想法是，今天的大学，甚至于整个教育体系，恐怕已经属于"旧时代"，已经不能适应"新时代"了。我这里说的"旧时代"当然不是指新中国成立前，而是指"自然人类文明"；所谓"新时代"则是指"技术人类文明"，或者可以说"人类世"（Anthropocene）。地质学家和哲学家把1945年标识为"人类世"的开始。地质学家们认为，从地层证据来看，地球从此进入一个新的地质世代，即"人类世"。我们知道，1945年是一个特殊的年份，这一年恰好是原子弹爆炸之年，是第二次世界大战结束之年。而原子弹本身正是这次地质世代更替的标志性事件。紧接着，哲学家们也跟进讨论，开始谈论更广意义上的"人类世"，他们不再像地质学家那样讲地层证据之类，而是讲文明之变、文化的大变局。在"人类世"里，人类文明样式和生活世界已经切换了，我们关于生活世界的经验也需要随之变化。根本上，"人类世"意味着自然人类文明向技术人类文明的过渡和切换。然而，由于各种制度结构和习惯势力的影响，人们经常来不及调整和改变，经常还会以旧的尺度来应对新的世界和新的经验，这就会犯错，甚至会失常了——我甚至想说，以旧尺度理解新世界，是今天人心动荡、人群中精神病患者越来越多的主要原因之一。

我为今天的两场论坛设定了两个主题，一个是"大学如何塑造未来？"——以我们的安排，这是大学校长们要讨论的主题；另一个是"未来如何塑造大学？"——我们设想，这是学者们的论题。大学塑造未来，就是说大学创造未来，作为现代知识生产单位的大学对于人类未来具有决定性的意义；而未来塑造大学，是指大学为未来所引导和规定，实际上大学只能以未来为定向。

今天的大学处境是越来越令人担忧了。我们知道，现代大学的基本理念和基本原则是德国柏林大学的创始人威廉姆·洪堡在19世纪早期规定下来的，其中最基本的原则有两条，一是自由地教和自由地学，二是研究与教学的统一。今日大学依然坚持着这两个原则，或者说努力在坚持这两个原则，虽然在全球各地的大学里，它们被坚持和被贯彻的程度是不太一样的。不过，洪堡教育理念的背后，是他构造的古典主义的"完人"理想，这个属于自然人类文明的"完人"教育理想已经受到巨大的冲击，几乎难以维持下来了。加速发展的技术工业已经彻底改造了人类文明和生活世界，人类知识体系正在被快速重塑，而大学的学科建制和教学方式未能跟进改造，变得不合时宜。我曾经不无严肃地指出，今天的大学可能面临这样的尴尬局面：某些专业的学生被招进大学读书，毕业时发现这个行业已经消失了。这是完全有可能的，是大学不得不考虑的问题。

回到我的讲题"未来的人与未来的学"，其实人的未来与学的未来是同一个问题,因为"学以成人"。所以我想从"学"开始讲,主要是讲"学"。要知道"未来之学",还必须先弄清楚过去的"学",过去的"学"有两种,我们不妨称之为"模仿之学"和"数之学"。再说,过去的"学"——无论是"模仿之学"还是"数之学"——也没有过去,而毋宁说,它们持存着,依然是"未来之学"的构成要素。

换言之,从未来哲学的眼光看,人类的"学"有三种:1. 模仿之学即自然人类之"学";2. 数之学即现代理论人的"学";3. 未来之学即正在显现的技术人类的"学"之形态。相应的人类状态也可分为三种:自然人、理论人与技术人。在哲学—科学—技术工业时代里,全球人类完成了从"自然人"向"理论人"的转变,今天我们正处于从"理论人"向"技术人"的过渡阶段。这时候,我们确实需要追问"未来之学":未来我们"学"什么,怎么"学"?

二、古典的"学"是模仿之学

"学"是人类的天性,正如亚里士多德所言,"求知"是人类的本性。古今中外,人人都要"学",都在"学"。但什么是"学"呢?我想这未必是不言自明的。"学"的本义是"模仿",第一种"学"是古典的"模仿之学"。汉语动词"学"意为"效仿";同样地,古希腊语动词"学"(manthanein)首先与"模仿"

（mimeomai、mimesis）相关。"模仿"就是"跟着做"——跟着自然做，或者跟着他人做。这在手工艺中是十分平常的事，学手艺就是跟着师傅做，师傅甚至用不着言语，徒弟自己看着，然后跟着做就是了。

但是对于"模仿"或者作为"模仿"的"学"，我们得有更深入的和更具体的了解，要不然它难免受到歧视。什么是真正的"模仿"（mimesis）呢？首先我想指出，"模仿"是人的天性和本能，因而是普遍的。古希腊哲人柏拉图看不起"模仿"，以为它是低级行动，达不到普遍的"相"或"理念"（idea）；但他的弟子亚里士多德却反其道而行之，要为"模仿"正名了，说"模仿"属于天性（自然），人生来就喜欢"模仿"，并且从"模仿"行为中获取快感。天性即自然，怎么可能是低级的呢？

其次，"模仿"是自然人类的基本存在方式。"模仿"是劳动和艺术（techne）的本质，古希腊人就是这样来理解他们的"艺术"的。就此而言，"模仿"绝不是简单、机械的复制，更不是贬义的抄袭，而是一种普通的日常的行为，抑或更是一种创造性的行为。人类不"模仿"不行。

最后，"模仿"传达了"技艺"与"自然"（physis）的亲密关系。所谓"模仿"就是人向自然学习，表明古典时代自然人类的自然理解和自然关系，即人与物、人与自然的关系是一种相应相即的关系。古希腊的医师希波克拉底就说过，医生的职责是当好自然的助手，帮助自然（身体）达到自己的目的，仅此而已。这跟今天把人当作机器的医术观念当然是大异其趣了。

有人会问:"'模仿'不是古人的行为吗?今天我们更科学、更进化了,我们还要'模仿'吗?"——当然,即便在今日技术时代,即便我们已经成了被理论化和被科学化的现代人,我们还不得不承认,人类日常生活和艺术活动的主体部分还是以"模仿"为主,我们人人都在"模仿",我们天天都在"模仿"。我的意思是说,"模仿"并没有湮灭和消失,不光幼儿、儿童和青少年们要"模仿",要进行"模仿之学",我们所有人都多半在"模仿",在"模仿"中学习、游戏、工作和创造。简而言之,作为"跟着做—跟着说","模仿"至今依然是人类基本"学习"方式之一。

三、现代占主导地位的是数之学

虽然"模仿之学"是普遍而持久的,但从欧洲近代以来,另一种"学"兴起了,而且通过技术工业占领了全球,成为全人类的"学"。这种新的"学"就是作为今日科学典范的"数之学"。

作为"数"的"学"是从古希腊开始的,在别处没有得到充分的发育。我们知道柏拉图的学园里有一句名言:"不晓几何学者不得入内。"这是强调数学(几何学)的重要性。这个意义上的"学"与"数"相关。根据20世纪哲学家马丁·海德格尔的看法,"学习"的古希腊语动词manthanein不光有"模仿"之义,还有另一层意义,是与希腊文名词的mathesis(学习、认识、经验）相联系的，而后者又与"数学的东西"即"数"（mathemata）相关。

更为关键的是，作为"数"的"学"被当作在先的认识前提，因为我们"学"的是纯粹抽象的"数"，而不是具体的、个别的物。若未学会"数"，那就不可能数数，不可能数出几个具体的物。这就是说，有了"数之学"这个前提，我们才能认识物。这个"学"的传统从古希腊就开始了，但要到现代才成为主流的"学"。古代数学（几何学和算术）向现代科学的过渡，可视为数学世界的建立。与古代科学既区别又联系的现代科学具有数学的特征，数学成为现代科学的标准，这就是当时欧洲盛行的"普遍数学"（mathesis universalis）的理想。在最近几个世纪里，这个理想已经在全球得到了全面实现和展开。

这里也触及了现代科学与古代科学的区别。起于欧洲的现代科学到底与古代科学有何异同——特别是有何差异呢？这个问题不容易回答，也是学界长期争论的一道难题。我这里只想讲两点：其一是运动观有异，古代科学与现代科学在运动观上有很大的差异，亚里士多德的运动学说基于古典的自然观或存在观，在他那里，"物""位置""空间"都是具体的，而不是抽象的。比如亚里士多德说"空间是包容着物体的边界"，可见他把"空间"理解为具体的和多样的，每个物都有自己的"位置"和"空间"。与之相反，牛顿和伽利略的现代科学的运动观则基于现代形而上学的存在观，他们把物、空间、运动都形式化和抽象化了，物被理解为质点，空间被把握为三维抽象的绝对空间，运动不再是按"本性"的运动,而是被把握为质点的直线运动。总之,现代科学对自然和运动做了一种形式的、数学的抽象。

其二是形式科学的实验化,古代科学中也生成了形式科学(几何、算术和逻辑等),但还没有与实验科学结合起来,这就形成了一个艰难而不无有趣的问题:源自希腊的形式科学(数学)是如何可能被实质化(具体化),也即与实验科学结合起来的?亚里士多德认为物体是按"本性"运动的,重的物体向下运动,轻的物体向上运动;如果两个物体一起下落,则重的必定快于轻的。伽利略反对此说,认为一切物体下落速度相同,下落时间的差异只是由于空气阻力,而不是因为不同的内在本性。为证明自己的观点,伽利略做了著名的比萨斜塔实验。然而,伽利略自由落体实验到底有没有成功,是颇有争议的一个问题,有一种说法是它并没有成功,不同重力的物体从塔上下落时并不是绝对同时的,而是有细微的时间差异的。但这其实无关紧要,重要的是这个实验表明:形式科学是可实验的。形式科学由此与实验科学结合起来了。这才有了现代科学和技术工业,这才有了今天这个最数学——普遍数学——的技术时代。

那么,如何理解今天人们热议的人工智能的"深度学习"?以我的理解,"深度学习"本质上是"数之学"的普遍化和极端化,也可以说是"数之学"的极端泛化,可视为现代"普遍数理"理想的实现。令人担忧的"人工智能"(AI)技术已进入加速发展的轨道。几年前已经引起恐慌和热烈讨论的谷歌阿尔法狗(AlphaGo)只不过是"弱人工智能"(ANI)的代表,但进展神速，根据最新报道，已有机器人自制出人类无法理解的语言，表明人工智能已进入"强人工智能"（AGI）阶段了，后面还有"超人工智能"（ASI）。时至今日，已经毋庸置疑的是，通过"深度学习"，人工智能将在整体上超越自然人类的智力。

四、学之变与人之变：数码时代学什么？

前面我们概述了历史上的"学"的两个基本样式，即古典的"模仿之学"、现代的"数之学"。"模仿之学"大体上与下列词语相关：直观/直觉、感性、诗性、想象、体验、理解、创造——我们不难设想，"模仿之学"差不多就是艺术人文之"创造之学"。表征"数之学"的主要是下列词语：抽象、理性、知性、论证、逻辑、说明、计算——我们同样可以理解，"数之学"主要是由数理科学来实现的"计算之学"。我们这样的说法并不严格，可能属于粗糙简化的二元区别，但意义方向是明确的和合乎实情的。

如此说来，"学"有三种：模仿之学、数之学、未来之学。前两种"学"都不难理解，如今已经成为全人类的基本学习方式，但"未来之学"却不易了解和解说，因为它还在生成之中，我们对之还无法做出完全的预判。诚如我们指出的那样，人工智能的"深度学习"是"数之学"的极端化完成，它可能深刻地影响和改变人类的知识体系和学习，它可能对"未来之学"具有规定作用，但它还不是"未来之学"的本体和主体。如果人工智能的"深度学习"成了"未来之学"，那就已经到彻底技术化的世界状态了。人类确实面临这样的风险，这就是霍金的预言：人类终将被机器人消灭。

确实，人类的"学"是不断变异的，"学"的内容和方式也总是不断变化的，而与之相应的就是"人之变"。人类的基本样式和状态也可分为三种：自然人、理论人（科学人）与技术人（未来被计算化和技术化的人）。尼采就说，自从苏格拉底、柏拉图的科学乐观主义产生，欧洲人都成了"理论人"。进而在哲学—科学—技术工业时代里，全球人类完成了从"自然人"向"理论人"的转变；而今天，我们正处于从"理论人"向"技术人"的过渡阶段——这是我对未来人的一个想象。

今天我们要想象"未来之学"：未来人类的"学"或者说技术人类文明时代的"学"将是什么样的？未来我们学什么？未来我们怎么学？这些看起来都成了问题。我们把"模仿之学"与"数之学"看作人类两种基本的"学"，今天的"学"的状况和未来的"学"的可能性需要从这两种基本的"学"出发来讨论。今天我们看到，自然人类的"模仿之学"渐渐式微，居于下风，但仍顽强地保持着；从近代以来，理论人（科学人）的"数之学"占据主导地位，而且将通过人工智能达到极点。

眼下大家普遍担心和关切的问题是：人工智能的边界在哪儿？机器人通过"深度学习"有了高度智能，它有限度吗？它的边界何在？人工智能的反馈是一种"反思"吗？有人说反思能力是人类与人工智能（机器人）的根本差别，人工智能达不到人的反思能力，机器不能反思，只有人才具有反思能力，所以机器人就代替和战胜不了人类。这件事值得讨论，但我不能同意这种说法。什么叫"反思"？按照哲学家胡塞尔的说法，"反思"就是对我们意识行为的把握，比如说我站在这里的演讲，我知道我在演讲，我看着你们，我知道我在看你们。这种反身性的意识行为就是"反思"。人工智能的"深度学习"，特别是它的"反馈"和"自我修正"能力，与人类的"反思"有根本差别吗？我认为没有。

不过，在我看来，人工智能技术可能有两个突破不了的边界：一是人类心思的奇异性/创造性，即自然人类具有的创造奇异和神秘的能力；其二是未来性/可能性，即自然人类具有指向未来的大尺度筹划的能力。奇异性与未来性——这两项恐怕是人工智能所达不到的。这里所谓的"奇异性"，我也称之为"奇思妙想"，比如说我此时此地在跟大家讲话，但心里却想着别的人和别的事，开展种种完全无厘头的跳跃式遐想，人就是这样一种稀奇古怪的动物。美国谷歌人工智能专家肖莱（Francois Chollet）把这种情况称为"极端泛化"，其实在我看来就是人所独有的高度奇异和神秘的想象力。而那是以"模仿之学"为主的艺术和人文科学的地盘。人类的想象和创造在"普遍数理"之外，属于无法被完全形式化和数码化的艺术人文领域。

人类知识和文化体系正在发生裂变，教育内容和教学方式将面临史无前例的剧变。比如人类学习途径已经变得多样化了，影视、网络和手机等新媒体成为知识习得的新方式，学校教学的意义从而已经大幅度降低了，也许将不再是支配性的人类学习方式。还有一个明显的趋势是，数码知识或者说可形式化和可数据化的知识将越来越不需要学习，或者说将越来越容易获得——已经有专家预言了不远的将来（十年左右）人机相联的可能性。实际上我们今天也已经在某种程度上达到了人机相联，比如我们已经离不开电脑和手机了，电脑和手机已经如此贴近地与我们的肉身相即相随，已经成了我们的"义肢"。不过，所谓的人机相联还有着另一种意义，是指未来可数码化、可形式化的知识可能直接被植入。如果是这样，则人类知识的习得方式将发生彻底的变革。而无论如何，可以预期的是，在未来时代里，数码知识与人文科学的关系将变得更为紧张，不可数码化或难以被数码化的人文科学有可能发挥其别具一格的作用。

五、预见未来之学：几个可能的定向

我今天来谈"未来的人与未来的学"，老实说心里是不安的。最近我也经常跟人讲：未来难言，未来是不可言说的——未来的人和未来的学都成了未知数。要预言未来是有很大风险的。历史上只有少数大哲学家才有这方面的预见之力，比如马克思、尼采等哲人，他们预见了人类未来文明的总体方向。我当然没有这等本事，但对于"未来之学"，我想大概有几个可以采取的方向或定向。我想指出如下几点：

第一，未来难言但又必须言，这本是大学的使命。因为技术统治时代的到来，技术文明已经失控，也即失去了自然人类的控制，成了一种高风险文明，这也就意味着我们对现代技术的综观和掌控成为不可能的了。然而，正如现代存在主义（实存哲学）所表明的那样，人的本质在于他是一种可能性存在，是面向未来的存在。如果失去了展望未来的能力，人就失去了自己的本质规定性。也正是在此意义上，我们必须认为，预见未来是大学的使命，更是人文科学的使命。

第二，"模仿之学"难敌"数之学"，仍然构成一种抵抗。因为"模仿之学"属于自然人类文明，是自然人类的基本学习方式；而技术统治的"人类世"本质上是一个形式科学的世界，这就是说，今天这个技术时代是一个"数之学"的时代。在"未来之学"的构成中，"数之学"仍将占据主导地位，而且很有可能这种主导地位将越来越得到加强。今天人们已经清晰地看到，如果说第三次工业革命是数字技术的发展，那么，正在发生的第四次工业革命（人工智能和基因工程）仍旧是以数字技术为基础的。总的来说，起于古代的"模仿之学"已经不是"数之学"的对手，而且将来恐怕也难以构成对"数之学"的对抗，但这并不意味着"模仿之学"将一无所用，完全无所作为，而毋宁说，"未来之学"要通过"模仿之学"保护人类生活和生活世界的奇异和神秘，抵抗过度的"数之学"造成的技术同质化对个体的压抑和对个体自由的伤害。

第三，未来文明要求重振"模仿之学"，通过"模仿之学"重建生活世界经验。作为自然人类的学习方式，"模仿之学"在技术工业时代受到排挤，变得越来越弱势。但我们也认为，"模仿之学"依然无处不在，是我们日常劳作和艺术创作的方式。另一方面，"模仿之学"本身也有更新的必要，需要获得一种新的发动力，今天的人文科学作为"模仿之学"的主体，需要大幅度的、彻底的改造，因为我们的人文科学可以说早已陷入一个"陷阱"，习惯于通过不断回忆过去、虚构美好的过去时代来贬低现实，蔑视今天的人类生活和文明状态。这个"乐园模式"对于自然人类文明可能是必然的和有效的，而且事实上已经成了人文科学的基本套路。但时代生变，这样的老式人文科学当然会在技术统治时代里越来越趋于自我封闭，越来越弱势化，因为今天的和未来的新人类（技术人）将不再需要这样的人文科学。在新的技术时代里，"模仿之学"需要取得一种新形态，新的"模仿之学"应该是"体验—创意—游戏—共享"之学，它的意义和使命在于技术人类生活世界经验的重建。如果艺术人文科学不能对技术时代人类生活世界的经验重建给出足够的帮助，那么它当然是意义匮乏的，只能落入被抛弃的命运之中。重振"模仿之学"不是主张复古，而是未来新文明的要求，因为这种新文明唯一值得期待的状态是自然性与技术性的平衡——或者采用尼采的说法，是达到自然性与技术性之间的"控制性协调"。

后记一

本书收录了我关于大学教育的文章，多半是一些短小的文章（仅有两三篇长文），其实是拙著《欠改革的中国大学》（上海人民出版社，2014年）的扩充版，该书共收录了24篇文章，这次重新编辑，选录了其中约一半，加上了拙著《边界上的行者》（上海人民出版社，2011年）第四章的10篇相关文章中的六七篇，另外新收了八九篇新写的，凑成了25篇。这就是说，本书精选了我迄今为止有关教育问题的主要文章，故本书的出版同时也意味着前面两个小册子的消失。

书名也是新起的，先定名为《自由教育》（现改为《大学是为未来的》），刚好与我的朋友聂圣哲教授的一本文集《养活教育》相配合。我俩当年约定，同时推出这两本小书，圣哲的《养活教育》针对基础教育，而我的这本《自由教育》主要针对高等教育。

我俩的心思是温良的,都是好心人;语言是粗糙的,都是农民。读者有心,别上纲上线就是了。——这里先谢了!

本书分为五章,每章均收五篇文章,形式上依然比较工整。各章内容提示如下:

第一章涉及"大学的理念",表达我关于大学教育的根本性主张——大学理念是制度设计的前提,而我秉持的大学理念,主要来源于德国伟大教育思想家威廉姆·冯·洪堡,是一种以人性自由为根本的人文主义教育理想,虽然在当今时代里显得有点老派了,但我以为基本的思想仍旧是积极的、有效的。

第二章涉及"大学实务"和"学院制度设计",发表了我对于大学及学院事务的看法,有关于大学具体事务的建议,也有作为学院院长在不同场合的讲话,所以主要跟我所在的同济大学及其人文学院有关联。

第三章选辑了我在教育事业方面的一些提案(我被安排担任过两届上海市政协委员),包括2017年初发表的《〈同济大学学报〉主编声明》(我自2005年以来兼任《同济大学学报》社会科学版的主编)——这个声明居然在短短几个小时内传遍全国(更应该说是全球汉语网络),据说我因此成了"网红",我也只好"呵呵"了。

第四章关乎"人文与教育",是我在人文学院院长任上的真切感受。好些年来,我们要经常跟人强调人文科学的意义,宣扬人文教育有多么重要,这真是人类当代文明的悲哀。无论是在人文化成意义上讲"人文",还是在人的学科意义上讲"人文",它都是最贴近人性和人情的——在今天怎么反而失掉了意义?

第五章讨论大学的未来,或者大学与未来。最近一些年来我关注"技术与未来",主编《未来哲学丛书》,并且出版了专著《人类世的哲学》(商务印书馆,2020年),专题讨论"未来"主题。此间也形成了几篇文章,是关于"未来教育""未来大学"的。于是编成本书最后一章"未来之学",也刚好与本书书名相合。

起初本书五章均以其中一篇文章的标题为标题,以提示各章的内容。五章的标题依次为:第一章"艺术地和哲学地教与学";第二章"同济人要有天下情怀";第三章"哲学门类应设置三个一级学科";第四章"守护人文教育理想";第五章"未来的人与未来的学"。不待说,这种提示是相当粗糙的。(这是原来的设想,后来为了好看,干脆进一步把五章的标题虚化为:第一章"大学理念";第二章"天下情怀";第三章"观念行动";第四章"人文理想";第五章"未来之学")。

历史上的同济大学人文学院创办于1946年(当时叫"文学院"),可惜命运不济,至1949年即遭停办,时隔60年后(2006年)才得以恢复学院建制,而我的前任居然是海德格尔的中国学生、哲学家熊伟先生!——熊先生是新中国成立前夕的国立同济大学文学院院长兼哲学系主任。这自然也是历史性的命运之一种,个中关联和因缘令人唏嘘。本人不才,任院长十年又几个月,未敢忘掉熊伟先生生前给予我的教导,努力以大无畏的自由境界为追求。而眼下这本小册子，也算是我作为后学和后任对已故熊伟先生的一次纪念吧。

收在本书中的文字多半是我在各种场合讲话的记录，也有几篇是演讲稿，有的文字或难免有随意之处，我在统稿时尽量做了加工处理，但基本状况未变，而且似乎也没有大变的必要。有时候，演讲或讲话文字保留和保持一点现场的真实性倒是好事呢。

需要特别说明的是，本书本来计划专设一章，选录"学院制度设计"里的章程条例，共列八项：1. 人文学院教授委员会章程；2. 人文学院理事会章程；3. 人文学院院务委员会章程；4. 人文学院教师职称评定办法；5. 人文学院教师教学工作量规定；6. 人文学院教师科研工作量规定；7. 人文学院教师岗位考核办法；8. 人文学院教师学术休假条例。但在编辑时我放弃了原来的想法，删除了这一章的内容。原因有二：一是因为这些规章是形式化的，有的还琐碎得很，不可读；二是因为它们可以说是我院教授委员会的集体智慧的结晶，而非我个人的独立作品——虽然点子多半是我的，文件多半也是我自己起草的。

我的同济大学人文学院同事，特别是其中的哲学学科的同事们，大部分是这些年新进的。他们的来历、专业、兴趣、性格都不一样，甚至不乏怪异之人，但多年以来，在创造（恢复）一个新学院的艰难过程中，大家同舟共济，形成了良好的氛围和风气。对于我的同事们的合作和支持，我要说一声"谢谢"！特别是现在已退休的老友陈家琪教授，我的同事刘日明教授和徐卫翔教授等，他们是我在同济大学恢复哲学系、进而建设人文学院的整个过程中最得力的合作者，多年共事让我们结下了深厚的友谊。对于他们的协助和贡献，在此谨表谢意。

值此机会，我还要感谢我的老领导周家伦教授（前任同济大学党委书记），也要感谢我的老同学周祖翼教授，如若没有他们两位对我的宽容、支持和帮助，我这些年在同济大学的事业开展是完全无法想象的。

自2012年以来，唐春山、聂圣哲、徐勇敏、刘创等同济校友和校内外友人，组成了同济大学人文学院理事会，给予学院长期的鼎力襄助，虽然每年只有一次会议（校庆期间），但他们对学院事业的关注却是日常的和持久的。他们的真诚支持成为学院稳定运行和发展的一个重要保障。眼下这本小书也是对这份情谊的保存。

自2002年4月离开浙江大学调入同济大学，迄今已经整整18年了。在这18年间，我先是担任同济大学德国哲学与文化研究所所长，接着出任新建的同济大学哲学与社会学系主任，2006年夏天主持恢复人文学院建制，后又连任院长，直到2016年9月卸任。在此期间，同济大学哲学学科从无到有，同济大学人文学科得以生长，形成一定的规模，现在想来也算取得了一点点成绩，而个中辛苦大抵是只有自己知道的。收在本书中的文章多半与我在同济大学的工作相关，于我便具有了记录和纪念的意义，有心的读者也应该可以见出一个哲学学者有关教育事业的一点思考。

> 2017年5月24日记于成都
> 2020年5月12日再记于沪上

后记二

本书早就已经编定,本来约好与聂圣哲先生的《养活教育》一起出版;我当时甚至设想,我们两本书是可以正反面印刷,做成一本书的。遗憾的是,因为某种原因,我的这本《自由教育》(现改为《大学是为未来的》)迟迟未能出版,倒是圣哲兄的《养活教育》早就上市了(浙江文艺出版社,2020年),而且在市场上卖了个不亦乐乎。这实在是让我羡慕,也让我生气、让我着急的。

这期间,外部世界发生了巨变,我个人的生活也有重大变化。新冠肺炎疫情开始不久,我就厌恶了大都市的生活,准备逃离。2020年8月,我移居杭州良渚乡下;2021年7月,我狠心辞去了同济大学教职,又一次回归母校浙江大学。在外人看来这是相当平常的工作调动而已,但在我自己,整个折腾过程却是可以用"惊心动魄"来形容的。

可是这本书还没有出来，它成了我编写好的书当中唯一一本没机会出版的。每每想起这件事，我总是心有不甘的。

此刻是 2022 年 9 月底，我刚刚编完一本小书《积极生活的理由》，又一次想起了这本迟迟未能出版的书，于是在电脑上从头到尾翻阅了一回，觉得无论是为了保存自己的记忆，还是为了张扬自己的大学理想和观念，我都应该再试一把。

我于是做了一个决定：把这本小册子更名为《大学是为未来的》或《未来大学》，尽快推出。我曾经在同济大学组织过一个论坛——"未来大学论坛"（2019 年 5 月 19 日）。可惜只有第一届，再无后来了。在此论坛上，我的报告题目是《未来的人与未来的学》，也可见对于未来大学或者大学的未来，我是一直都有关怀的。

作为短章集，本书难免有些杂乱，但其中传达的我对未来大学的期许却是明确的。正如其中一篇文章的标题所示：大学是为你们的，大学是为未来的。

为未来的大学有两个根本点：自由教育、终身教育。自由地教与自由地学，这原是现代大学的本质要求，如若没有满足这个本质要求，那就还不是真正的大学；而如果大学不能为公民终身教育服务，那它就是失职的，就未能完成它最本己的使命。两者合起来说，大学的根本使命就在于：公民终身自由教育。

就中国教育的现状而言，要实现上述目标其实并不难，无非需要完成与之相关的两件事：第一，改革高考制度；第二，大学实行完全学分制。那么难在哪里呢？根本性的困难恐怕只在于：现行体系的既得利益者拒绝改革，或者只愿意推行小改革和假改革，前提是不损害自己的利益——应该说这是社会和人性的常态，所以不值得奇怪。这些肥硕的食利者会说："现在很好呀，很公正呀，很公平呀！没有高考，平民哪有上升空间？没有高考，你还在乡下务农吧？"而可恨的是，恰恰这些食利者才能分享教育改革的话语权。

然而，世界在变，世道在变。

我还愿意重申一遍：大学是为未来的。什么是"未来大学"？何为"未来的学"？为未来的大学何在？每个"学"者都得有此一问。

我把自己多年以来的问和答放在这里，供大家拍砖。

2022年9月30日记于余杭良渚